Guillaume Martin

DIE GESELLSCHAFT DES PELOTONS

Guillaume Martin

DIE GESELLSCHAFT DES PELOTONS

Eine Philosophie des Einzelnen in der Gruppe

Aus dem Französischen
von Christoph Sanders

Die Originalausgabe dieses Buches erschien unter dem Titel
»La société du peloton. Philosophie de l'individu dans le groupe«
bei Bernard Grasset, Paris.

Guillaume Martin: Die Gesellschaft des Pelotons –
Eine Philosophie des Einzelnen in der Gruppe.
Aus dem Französischen von Christoph Sanders.

Covadonga Verlag, Spindelstr. 58, D-33604 Bielefeld
ISBN (Print): 978-3-95726-066-6
Coverfoto: © Olaf Unverzart – »Fedaia« aus der Serie »Spectres«, 2008
Foto Backcover: © Roth & Roth; Porträtfoto: © JF PAGA
Druck und Bindung: Westermann Druck Zwickau, GmbH
1. Auflage, 2022

MIX Papier aus verantwortungsvollen Quellen FSC® C110508

Bibliografische Information der Deutschen Nationalbibliothek:
Die Deutsche Nationalbibliothek verzeichnet diese Publikation
in der Deutschen Nationalbibliografie; detaillierte bibliografische
Daten sind im Internet über http://dnb.dnb.de abrufbar.

Covadonga ist der Verlag für Radsportliteratur.
Besuchen Sie uns im Internet: *www.covadonga.de*

Inhalt

Vor dem Rennen
7

Warmfahren
11

Der Start: *In die Ausreißergruppe gehen*
25

Mitte der Etappe: *Das Peloton kontrolliert*
69

Finale: *Mit sich spielen, mit den anderen spielen*
123

Nachbesprechung
171

Zusammenfassung des Rennens
179

Vor dem Rennen

Das Peloton besteht aus Einzelgängern, die nicht anders können, als zusammenzuleben. Dieser Satz bringt recht gut die These meines Buchs auf den Punkt. Ich habe ihn mir beim Radfahren in der Sierra Nevada in ungefähr zweitausend Meter Höhe ausgedacht. Da saß ich schon seit sechseinviertel Stunden allein auf dem Rad. Mir blieben noch ungefähr dreißig Minuten bis zu meiner Unterkunft. Es war Februar. Der Himmel war vollkommen blau. Selbst in dieser Höhe betrug die Temperatur immer noch um die zehn Grad, was sehr angenehm war. Während meiner Trainingsausfahrt hatte ich viertausendfünfhundert Höhenmeter überwunden und ungefähr ebenso viele Kalorien verbrannt. Nebenher hörte ich einen Podcast über die Sängerin Barbara, während ich auf der einen Seite den Pico Veleta und auf der anderen das Tal von Granada bewundern konnte. Ich fühlte mich unglaublich gut. Die von der Anstrengung ausgeschütteten Endorphine hatten mich in einen Zustand seliger Kontemplation versetzt, der in mir Gedanken weckte, die mir nie gekommen wären, hätte ich die Zeit am Schreibtisch oder in Begleitung verbracht. Ich kostete den Moment aus und sagte mir, dass dieser Tag athletischer Einsamkeit es mir ermöglicht hatte, so etwas wie die Gnade der Glückseligkeit zu erfahren.

Und das warf eine Frage auf. Statt den Radsport als Beruf auszuüben, mit allen Einschränkungen, die das impliziert, vom millimetergenau abgezirkelten Trainingsprogramm bis hin zur Erfordernis, Gegner im Wettkampf zu besiegen, warum nicht eher eine Lebensweise wählen, die es mir fast täglich ermöglichen würde, zu dieser egoistischen Ekstase zu gelangen, die niemand trüben konnte? Warum nicht eine Weltumrundung auf dem Fahrrad beginnen, bei der es nichts außer mir und dem Rad gäbe?

Bei diesem Stand der Überlegungen kam mir der Gedanke, dass sich dies gut als Einleitung für das Buch über »die Gesellschaft des Pelotons« eignen würde, das ich gerade fertigstellte. Und mir wurde in gewisser Weise bewusst, dass ich Lust, ja, vielleicht sogar ein Bedürfnis hatte, diese ganz persönlichen Empfindungen zu *teilen*. Egal, wie beglückend die Erfahrung war, die ich gerade machte: Mir wurde klar, dass sie hohl blieb, wenn sie allein auf mich begrenzt bliebe.

Immer wenn ich eine Zeit lang mit anderen Menschen zusammen bin – sogar solchen, denen ich mich sehr verbunden fühle –, kommt der Moment, an dem ich mich von ihrer Anwesenheit lösen muss. Ich ertrage sie nicht länger. Dann gehe ich einige Minuten oder einige Stunden in einen anderen Raum oder ich begebe mich für Wochen in ein Einzeltrainingslager. Erstaunlicherweise wächst dann recht schnell das Bedürfnis, mich über Erlebnisse und Alltäglichkeiten auszutauschen. Filme, die mich in Gegenwart anderer gelangweilt hätten, begeistern mich, und ich verspüre einen fast zwanghaften Wunsch, meinen Enthusiasmus weiterzugeben. Dann nehme ich wieder Kontakt zu den anderen auf, denselben Menschen, die mich noch vor einigen Momenten anwiderten und die mir jetzt doch so fehlen. Oder ich setze mich hin und fange an zu schreiben, was ja in gewisser Weise aufs Gleiche hinausläuft, denn auch dabei geht es darum, das Empfundene mit anderen zu teilen.

Was ich hier beschreibe, hat der deutsche Philosoph Immanuel Kant im 18. Jahrhundert theoretisch in seinem Aufsatz zur »ungeselligen Geselligkeit« formuliert.[1] Der Hauptgedanke kann recht leicht zusammengefasst werden: *Wir können nicht mit den anderen leben, aber auch nicht ohne sie.* Ich denke, wir alle haben auf unterschiedliche Weise die gleiche Erfahrung gemacht. Wir sind Einzelwesen, die gemeinsam leben müssen.

Radrennfahrer kultivieren diesen Widerspruch vielleicht etwas mehr als der Durchschnittsbürger. Sie sind von einem starken Willen zur Selbstbehauptung getrieben. Sie wollen *sich* durchsetzen. Und dennoch leben sie in Gemeinschaft, verbringen zwei Drittel des Jahres mit Kollegen in gemeinsamen Hotelzimmern, müssen Anweisungen eines Betreuerstabs folgen und haben keine andere Wahl, als in Mannschaften zu kooperieren, um Rennen gegen Konkurrenten zu gewinnen. Als Sportler mit besonders ausgeprägter Individualität müssen wir ständig mit von außen auferlegten Zwängen zurechtkommen. Die aber sind nichts im Vergleich mit unserem inneren Bedürfnis, trotz unserer natürlichen Ungeselligkeit mit anderen zusammen zu sein.

In Wahrheit, dessen bin ich mir durchaus bewusst, würde mir auf einer Weltumrundung mit dem Fahrrad sehr schnell langweilig. Ich würde den Kitzel des Wettkampfs, die medialen Schmeicheleinheiten oder die gemeinsame Arbeit an der Leis-

1. Immanuel Kant: *Idee zu einer allgemeinen Geschichte in weltbürgerlicher Absicht*, 1784.

tungssteigerung bald vermissen, ganz zu schweigen von dem Genuss, den mir ein Sieg dank der Hilfe meiner Mannschaftskameraden verschafft.

Wenn ich nach einer langen Ausfahrt mit dem Rad diesen Augenblick der Schwerelosigkeit und Freiheit auskosten kann, den Moment absoluter Selbstfokussierung oben auf den steilen Straßen der Sierra Nevada, in einem Ohr einen kleinen Kopfhörer, der Geist wach und die Augen offen, dann deshalb, weil ich im Grunde schon weiß, dass ich in ein paar Tagen meine Mannschaft wiedersehen werde, meine Betreuer und Teamkollegen, und dass der kleine Hörer im Ohr durch einen anderen kleinen Hörer im Ohr ersetzt wird, über den jemand mit mir sprechen wird, dem ich antworten kann. Mitunter rege ich mich darüber auf, derart ferngesteuert und in meinem Wunsch nach Unabhängigkeit eingeschränkt zu werden. Aber wenigstens habe ich bei Bedarf immer jemanden, über den ich mich ärgern kann. Selbst im Konflikt habe ich einen Austausch. Eine Existenz ohne Koexistenz wäre das Schlimmste. Denn dann wäre es nicht möglich, vom Genuss zu träumen, den man daran findet, endlich wieder allein zu sein.

Dieser Spagat zwischen der Notwendigkeit zur Kooperation und der Utopie eines Eremitendaseins ist mein Alltag als Radsportler. Aber mir scheint, diese Erfahrung gleicht recht genau der, die jeder in diesem großen Peloton macht, das wir Gesellschaft nennen.

Warmfahren

Drei Ausreißer kämpfen im Finale eines Radrennens dagegen an, vom Peloton wieder eingefangen zu werden. Die große Meute kommt der kleinen Fluchtgruppe, die seit dem Beginn der Etappe vor hundertachtzig Kilometern in Führung ist, gefährlich näher. Einige Kilometer vor dem Ziel bleibt ihnen nur noch ein Vorsprung von dreißig Sekunden. Es könnte hinhauen! Natürlich nur unter der Bedingung, dass sie sich verständigen.

Die drei Rennfahrer wissen, dass sie ihre Kräfte koppeln müssen, um eine Siegchance zu haben. Ihr Heil liegt in der perfekten Zusammenarbeit bis auf die letzten paar hundert Meter. Dann ist die Zeit gekommen, an den Etappensieg zu denken, »die Schenkel sprechen zu lassen«, um den Gewinner zu ermitteln. Die notwendige Voraussetzung aber ist, dass sie erst mal in die richtige Ausgangslage für den Sieg kommen.

Und dennoch hebt sich jeder der drei gegen alle Logik ein wenig Kraft auf, trickst in der Hoffnung, von der Arbeit der anderen zu profitieren, um am Ende den Lorbeer zu ernten. Zwietracht hält Einzug, die Spitzengruppe zeigt Auflösungserscheinungen, verliert an Effizienz. Zwangsläufig wird sie drei Kilometer vor dem Ziel gestellt. Alle haben verloren.

Sind wir als Mitglieder einer Gesellschaft, die sich der größten Herausforderung ihrer Geschichte stellt – dem Klimawandel –, nicht auch diesen Radrennfahrern ähnlich, die wissen, wie sie sich verhalten müssten, aber dennoch anders handeln? »Ich erkenne das Gute und billige es, tue aber dennoch das Schlechte«, schrieb Ovid vor zweitausend Jahren. Man muss annehmen, dass dieser Widerspruch zwischen unserem Handeln und dem, was uns die Vernunft gebietet, weiterhin besteht. Ganz gleich, wie groß und überzeugend der Stand des Wissens ist, angesichts unseres schwachen Willens, angesichts all der täglichen Verführungen und des Hungers nach sofortiger, individueller Befriedigung fällt es in sich zusammen.

Mich fasziniert dieses Mysterium: Warum schlagen menschliche Verhaltensweisen manchmal eine völlig entgegengesetzte Richtung ein, statt dem Weg zu folgen, den die Gesetze der Logik vorgeben? Mehrfach wurde ich im Laufe meiner Karriere als Radsportler mit dieser Tatsache konfrontiert, was zu einigen herben Enttäuschungen geführt hat. Ich antizipierte bestimmte strategische Entscheidungen meiner Gegner, sagte mir, dass das Peloton sich angesichts der aktuellen Rennsituation *gar nicht anders verhalten könne*, als ich es mir in meiner Vorstellung ausmalte, und richtete meine Taktik entsprechend dieser Erwartung aus. Häufig haben mich dann die realen Rennverläufe auf dem völlig falschen Fuß erwischt und desillusioniert, sie waren willkürlich und verdammt inkonsequent.

Als ich mich bei einem Rennen in der Bretagne vor einigen Jahren mit sieben oder acht Fahrern in der Ausreißergruppe befand, kamen zwei davon aus derselben Mannschaft. Ich schlussfolgerte logischerweise, dass einer der beiden sich für den Erfolg seines

Teamkollegen opfern würde. Als dann ein anderer Fahrer aus der Gruppe attackierte, beobachte ich die beiden Fahrer des besagten Teams in der Erwartung, dass einer von ihnen die Verfolgung aufnehmen würde. Doch keiner rührte sich. Wahrscheinlich eine Folge interner Rivalität, oder aber der sportliche Leiter machte seine Arbeit nicht. Wie dem auch sei, letztlich war ich geschlagen und konnte nur mit Wut den zukünftigen Sieger davonziehen sehen, während wir uns dämlich zu Grabe tragen ließen.

Zu meiner eigenen Überraschung habe ich mich auch selbst oft gegen alle radsportliche Weisheit agieren sehen, wenn ich zum Beispiel voll attackierte, als Ruhe geboten war, oder nonchalant abwartete, als ich in Aktion hätte treten müssen. So, als brächte mich das Feuer des Rennens aus der Fassung und würde dabei einen unkontrollierbaren Doppelgänger erzeugen. In Wahrheit blieb ich auch in solchen Situationen ein und derselbe Rennfahrer; ich wurde vielmehr von zwei dissonanten Stimmen durchdrungen, die ich nicht zur Deckung bringen konnte. Die Widersprüchlichkeit hatte von mir Besitz ergriffen. Manches Rennen habe ich so verloren.

Im französischen Radsportjargon ist oft die Rede von Fahrern, die mit »*la science de la course*« gesegnet seien, mit der »Wissenschaft des Rennens«. Der Ausdruck ist schlecht gewählt. Man sollte es passender wie Louis Nucéra in *Mes Rayons de Soleil* ausdrücken, der sagt, gewisse Fahrer besäßen einen »Sinn fürs Rad, so, wie man auch über ein musikalisches Gehör verfügen kann«.[1] Ein sportlicher Wettbewerb gehorcht nicht den Natur-

---

1. Louis Nucéra, *Mes Rayons de Soleil*, Grasset, 1987.

gesetzen – darin liegt sein ganzer Charme. Er ist nicht nur das Ergebnis von Formeln, Daten und Messwerten.

Fraglos hat die Wissenschaft in den letzten Jahrzehnten im Sport einen bedeutenden Platz erobert. Radsportteams umgeben sich mit Universitätswissenschaftlern, die sie in allen theoretischen Aspekten der Leistungsfähigkeit beraten. Wir arbeiten mit Powermetern, deren Messwerte es oft erlauben, grob das Klassement einer Bergankunft vorherzusagen, indem man Wattzahlen durch das Gewicht der Fahrer teilt. Auf gleiche Weise wurden die Position auf dem Rad, die Wahl der Textilien oder das Material untersucht und optimiert. Rennstrategien (kollektive Leistungseinteilung, Ernährungsstrategien) werden genauso modelliert.

Doch inmitten dieses Ozeans von Tests und Messungen weigert sich ein Tröpfchen Wahnsinn, in der Masse aufgelöst zu werden. Man nennt es den Instinkt, die praktische Intelligenz – eine Eigenschaft, die wir gern französischen Athleten zuschreiben (der berühmte »*French Flair*«), die aber doch bei allen großen Sportlern vorhanden ist und sie befähigt, in wenigen Sekunden eine monatelange, minutiöse Vorbereitung aufs Spiel zu setzen. Im Radsport warf man oft den Fahrern des britischen Team Sky vor, das Ereignis Tour de France durch eine allzu analytische Herangehensweise zu ersticken. Doch 2016 waren es zwei aberwitzige Aktionen des Sky-Kapitäns Christopher Froome – zunächst eine Attacke in der Abfahrt vom Col de Peyresourde und dann ein Angriff in der windgebeutelten Ebene –, die ihm den dritten seiner vier Tour-de-France-Siege sicherten. Die Risikofreude hatte über den Kontrollwillen gewonnen: Der Körper hatte den Kopf überlistet. Es war von Erfolg gekrönt.

Eine mathematische Analyse reicht nicht aus, wenn man vom Sport redet. Es braucht mehr. Dieses Mehr ist das Menschliche. Dieses Element ist es, das völlig unvorhergesehen und gegen alle Wahrscheinlichkeit die Verhältnisse auf begeisternde Art und Weise auf den Kopf stellt. Der menschliche Faktor entscheidet über das Schicksal eines Rennens, jenseits von Anweisungen, Zahlen und Studien. Und auf erheblich dramatischere Weise erklärt sich aus ihm auch unsere Unfähigkeit, kollektiv gegen die wachsende ökologische Bedrohung anzugehen, obwohl wir uns alle – fast alle – der dunklen Wolke, die zusehends näherrückt, furchtbar deutlich bewusst sind.

Ich erkenne die Welt, die sich in Zukunft abzeichnet, ich lehne sie ab und doch nehme ich an ihrer Erschaffung teil – das ist das Drama des modernen Menschen, der verloren ist zwischen seiner Jagd nach dem unmittelbaren persönlichen Vorteil und dem Wissen um die Folgen, die dies verursachen wird, der hin- und hergerissen ist zwischen der Verantwortung für die Zukunft seiner Kinder, ja, seiner Spezies und den Zwängen des einzelnen Lebens. Wie kann man Monatsende und Weltenende auf einen Nenner bringen, individuelles und kollektives Denken?

*

Es ist illusorisch zu glauben, man könne diese Fragen nur theoretisch abhandeln. Individuen bewegen sich nicht in Blasen; sie sind durchdrungen von Gefühlen und Emotionen, reagieren auf Ereignisse und lassen sich von ihrer Intuition leiten. Das Leben und die Welt sind konkrete Angelegenheiten, und genauso müssen wir sie behandeln. Der Schriftsteller ist nie ein Halbgott, der über seiner Schöpfung steht, sondern immer ein Wesen aus Fleisch und Blut, in Bewegung, voller Gedanken, die von dem ausgehen, was er ist, kennt und ihn bewegt. Ich für meinen Teil kann behaupten, dass der Radsport mich in den letzten Jahren nicht nur sehr beschäftigt, sondern auch vieles gelehrt hat. Mögen meine Überlegungen manchmal abstrakt scheinen, so sind sie doch immer von dem inspiriert, was ich auf der Straße erlebt habe.

Platon hatte sich in den Anfängen der Philosophie zum Ziel gesetzt, das Gerechte zu definieren, eine Idee des Rechts an sich zu entwickeln. Es wurde ihm klar, dass eine rein spekulative Analyse angesichts eines so großen Vorhabens nicht ausreichen würde. Man musste von der Welt, wie sie war, ausgehen und sich dann die Frage nach dem gerechten Verhalten stellen, nach einem gerechten Menschen oder nach einer gerechten Stadt. Kurzum, man musste sich zunächst mit dem Greifbaren auseinandersetzen, um hoffen zu können, das zu erreichen, was der Philosoph letzten Endes ersehnt: Weisheit.

Indem ich die Gesellschaft des Radsports untersuche, versuche ich, zu Aussagen über die Gesellschaft im Allgemeinen zu kommen. Manchmal ist ein Mikrokosmos leichter aufzuschlüsseln als der Makrokosmos, dessen miniaturisiertes Abbild er ist. Dank seines extremen Charakters wirkt insbesondere der Sport wie eine Lupe. Er ist eine Metapher, in der die ausgeprägtesten Eigenschaften der menschlichen Natur besonders hervortreten. Kein falsches Spiel mehr: Mit der Anstrengung fällt die Maske, verzerrt sich das Gesicht zur Grimasse. Das im Rennen freigesetzte Adrenalin enthemmt; es bringt uns dazu, instinktiv zu handeln, ohne immer die Regeln des Anstands zu wahren. Mit einer Startnummer auf dem Rücken bin ich nicht mehr derselbe wie im bürgerlichen Leben. Wenn ich meine Radhose übergestreift habe und sich die Startflagge senkt, macht der ruhige, eher introvertierte Mensch, der ich normalerweise bin, Platz für seinen Doppelgänger, zwar nicht für einen Hulk oder Mr. Hyde, aber doch für jemanden, der verdammt bissig und hartnäckig ist, der voller Hinterlist und Angriffslust steckt. Körperliche Anstrengung entblößt die animalische und komplexe Seite der Persönlichkeit.

Eine besondere Eigenschaft des Radsports besteht darin, dass er seine Akteure unausweichlich mit einem offenbar unlösbaren Problem konfrontiert: der Versöhnung von Individuum und Kollektiv. Als »Individualsport, der von Mannschaften ausgeübt wird«, krönt er immer nur einen einzigen Sieger. Dieser aber käme niemals ohne die Hilfe seiner Mannschaftskameraden und die Unterstützung seines Teams zum Erfolg. Ein Radrennfahrer sieht sich ständig mit diesem Dilemma konfrontiert: Entweder schert er sich nicht um taktische Anweisungen und die Teamorder und setzt auf die persönliche Karte – dann aber verringern sich seine Erfolgsaussichten aufgrund seiner Isolation beträchtlich und er zieht sich darüber hinaus den Unmut der sportlichen Leitung und seiner Mannschaftskollegen zu. Oder aber er beugt sich dem Gruppenzwang und gibt jede Chance auf eine eigene gute Platzierung auf, wenn man ihn bittet, sich schon zu Rennbeginn für den Kapitän »lang zu machen« – und opfert damit seine eigenen Erfolgsaussichten, die eigenen Ambitionen, und unterdrückt sein legitimes Verlangen nach Bestätigung. Es gibt keine Wahl. Jeder Radrennfahrer ist zwischen mehreren Plänen hin- und hergerissen – genau wie der Bürger in unseren demokratischen Gesellschaften aufgerieben wird zwischen dem, wozu ihn seine Instinkte drängen, und dem, was ihm das Gesetz, die Moral oder die politische Korrektheit vorschreiben.

Aus derart widersprüchlichen Anforderungen, wie sie im Radsport lediglich beispielhaft besonders deutlich sichtbar werden, die in Wirklichkeit aber unser gesamtes Leben durchdringen, können nur Inkohärenzen erwachsen. Sie bilden den Nährboden für die Krisen, in denen sich unsere Welt befindet.

*

Ich hebe einmal die drei wichtigsten Krisen hervor. Die erste ist struktureller Natur. Es handelt sich um die Krise, die das demokratische Modell selbst durchläuft, und wird von den Wahlsiegen Trumps und Bolsonaros oder das Referendum zugunsten des Brexit versinnbildlicht. Anhand dieser Ereignisse haben wir entdeckt, oder besser gesagt wiederentdeckt, dass der *Demos* keine übergeordnete, vernunftbegabte Instanz ist, die die Verhältnisse mit Abstand und Urteilsvermögen analysiert. Im Gegenteil, »das Volk« – wenn dieser Begriff überhaupt noch einen Sinn ergibt angesichts der aktuellen Ereignisse, die uns immer deutlicher unsere Unfähigkeit vor Augen führen, einen »gemeinsamen Nenner« zu finden und die Idee eines »allgemeinen Willens« anzuerkennen – lässt sich von Emotionen, Schlagzeilen und Bildern leiten. Ganz gleich, ob etwas Fakt oder *Fake News* ist, es zählt nur, was Lärm macht und Wellen schlägt. Mir scheint, dass dem Prinzip Demokratie als solches von vornherein ein Fehler innewohnt, setzt es doch die Fähigkeit des Individuums voraus, von der eigenen Person abzusehen und eine neutrale, übergeordnete Position als Richter jenseits weltlicher Beschränkungen einzunehmen. Das ist selbstredend unmöglich: Wir sind keine Götter, sondern Menschen. Wir sind Einzelwesen, die immer von den Bedingungen der eigenen Existenz eingeschränkt werden, Opfer ihrer Illusionen sind und deren unterschiedliche Willensregungen sich oft als untereinander inkompatibel erweisen. Ein Radsportler kann mitten im Renngeschehen nicht die Organisation des gesamten Pelotons erfassen; er will sein Bestes erreichen und, wenn möglich, über die anderen triumphieren.

Die aktuelle, auf Covid-19 zurückgehende Krise mag zwar nicht struktureller, sondern konjunktureller Natur sein, sie ist aber sinnbildlich für unsere Irrtümer, unsere Inkonsequenz, unsere Unfähigkeit, einer kritischen Situation überlegt, angstfrei und leidenschaftslos entgegenzutreten. Viel ist schon über diese Monate des ersten und zweiten Lockdowns gesagt worden, welche im Namen der Sicherheit, unserem neuen höchsten Wert, akzeptiert wurden; wir alle sind in die Falle der großen Erwartungen getappt (wirksame Therapie, Entwicklung eines Impfstoffs etc.), Wahrheiten, die erwiesen schienen, wurden am nächsten Tag widerrufen, fallengelassen, ohne dass sich jemand an die geradezu mystische Gläubigkeit erinnerte, die er kurz zuvor noch den Wunderverkäufern entgegenbrachte. Wir haben uns allabendlich im Fernsehen kühl die morbiden Statistiken angehört, die aktuellen Zahlen der Infizierten, Hospitalisierten und Gestorbenen. Während sich unsere Gesellschaft damit brüstet, das »Leben« als unser wertvollstes Gut anzusehen, haben wir hingenommen, dass es zu einer mathematischen Größe wurde.

Indem die Corona-Pandemie uns mit solchen Widersprüchen konfrontierte, hat sie uns eine Lehre Sokrates' in Erinnerung gebracht: »Ich weiß, dass ich nichts weiß.« Die Besonderheit der

Moderne jedoch ist, dass wir uns aufgrund dieser Erkenntnis des Nichtwissens, unter ihrem Deckmantel, autorisiert fühlen, alles und jedes sagen zu dürfen. Die Wissenschaft hat ihre Grenzen offenbart. Sogar auf dem Feld der Vernunft, des Überprüften, des Bewiesenen ist es unmöglich geworden, einer klaren und geraden Linie zu folgen. Studien diskreditieren einander, Experten schwanken zwischen völlig gegensätzlichen Positionen. Unsere leitenden Instanzen, Experten und Wissenschaftler, gestanden es schließlich ein: Sie waren unwissend und mussten aus einer Position des Nichtwissens heraus Entscheidungen fällen. So sind sie schon früher vorgegangen, auch wenn sie das Gegenteil behaupteten; sie demonstrierten Gewissheit – und wir haben geglaubt. Von jetzt an ist das nicht mehr möglich. Wir befinden uns in einer Welt, in der es keine festen Orientierungspunkte mehr gibt, keine Rettungsanker, und in der das Individuum mehr denn je untergeht. Anstatt sich aber, wie es der gesunde Menschenverstand gebieten würde, deshalb mit dem eigenen Urteil zurückzuhalten, bastelt sich nun jeder seine eigene kleine Theorie, sein »Ich bin zwar kein Arzt, aber…« – genauso wie er während einer Tour-de-France-Übertragung in der Kneipe seine Kommentare darüber abgibt, welche Strategie dieser oder jener Fahrer hätte wählen sollen: »Warum greift er denn nicht an, Herrgott! Wenn ich zwanzig Jahre jünger wäre und in seiner Position, ich kann Ihnen sagen…« Mangels Information werden wir von Meinungen erschlagen, die wir selbst im Ton vorgeblicher Kennerschaft und falscher Überzeugung in Umlauf bringen.

Die dritte Krise unserer Gesellschaft schließlich – neben der Krise der Demokratie und der Krise des Wissens infolge von Covid-19 – ist gleichzeitig die wichtigste, denn sie betrifft uns alle.

Der Klimawandel, denn um ihn geht es, wird in wenigen Jahrzehnten dazu führen, dass sich unsere Lebensbedingungen auf diesem Planeten massiv verschlechtern (diese Entwicklung ist bereits fortgeschritten), was schließlich die Ausrottung menschlichen Lebens bedeuten kann. Diese Krise ist sowohl konjunktureller als auch struktureller Natur: konjunkturell aus dem Grund, als sie mit der Entwicklung des Kapitalismus einhergeht, der seit mindestens zwei Jahrhunderten der Erde mehr Ressourcen entnimmt als nachwachsen und dem ökonomischen Wachstum keinerlei Riegel vorschiebt; strukturell, weil die menschliche Dynamik keinen anderen Pfad einschlagen kann als diesen tödlichen Wettlauf nach vorn. Unsere Software hat keine Reset-Taste. Wie der Radsportler, der manchmal ohne nachzudenken bis zur völligen Erschöpfung in die Pedale tritt, weil er sich so sehr auf das Rennen konzentriert, dass er vergisst zu essen, oder zu unterkühlt ist, um noch eine Windjacke überzuziehen, jagen wir mit Scheuklappen der Befriedigung unserer unmittelbaren Bedürfnisse nach und tragen, ohne es zu merken, dazu bei, das zu erschaffen, was uns vernichten wird. Unser Unglück besteht darin, gar nicht anders handeln zu können: Ein Individuum kann naturgemäß nicht mit den Augen der Gruppe sehen, zwangsläufig wird es sich also selbst bevorzugen.

Und so entstehen Konflikte zwischen einem allgemein akzeptierten Wissen, das wir nicht mehr leugnen können (der Planet erwärmt sich und unsere Spezies ist gefährdet), und den singulären Handlungen der Einzelnen, die weiter ihren Lauf nehmen. Das Wissen – und daher rührt seine Krise – hat keine Wirkmacht mehr, es führt nicht zu einer tiefgreifenden Änderung unseres Verhaltens. Wir beobachten die nichtigen Sorgen des Alltags wie durch ein Brennglas, das sie riesenhaft erscheinen lässt und uns veranlasst, ihnen unsere gesamte Energie zu widmen. Demgegenüber scheint das nahende titanische Gewitter des Klimawandels für uns einfach nur eine ferne Wolke zu sein, die kaum unsere Beachtung verdient.

Die sozialen Entwicklungen während der Covid-19-Krise haben unsere Unfähigkeit verdeutlicht, uns nicht von spontanen Emotionen lenken zu lassen. Wie schrecklich und tödlich dieses Virus auch sein mag, wir wissen, dass es am Ende nur ein vorübergehendes Ereignis ist. Dennoch hat es zu einem tiefgreifenden Wandel in unserer Lebensweise geführt, der im Gegensatz zu dem steht, was noch wenige Monate zuvor verkündet wurde. Eben noch war die Rede davon, künftig keine Kunststoffverpackungen mehr zu verwenden, doch deren Verbrauch stieg aus angeblich hygienischen Gründen in der Post-Covid-Gesellschaft stark an. Man hat uns empfohlen, »grüne« Verkehrsmittel zu nutzen, aber der private Pkw kam mit aller Macht zurück – und gleichzeitig wandten Regierungen Staatshilfen in Milliardenhöhe auf, um Industrien zu erhalten, die per se umweltschädlich sind.

Wir sind, kurz gesagt, unfähig, Probleme zu hierarchisieren. Dort, wo gemeinsames, rationales und langfristiges Denken erforderlich wäre, lassen wir uns von der Tyrannei des Unmittelbaren regieren, starren auf die Mücke, die vor unseren Augen tanzt, während dahinter ein Elefant droht, uns zu zertreten.

Sich über diesen Zustand der Dinge zu ärgern, die »menschliche Dummheit« nur aus dem heimischen Wohnzimmer zu kritisieren, aus einer Position blinder Heiligkeit heraus (wie viele von uns haben sich in der Covid-19-Krise über andere beschwert, die sich nicht an Hygienevorschriften hielten, ohne sich zu fragen, ob sie darin selbst immer unfehlbar waren), wird die Dinge um keinen Deut verbessern. Man erwirbt sein Palmarès als Radprofi nicht, indem man sich sagt: »Wenn das Rennen so und so gelaufen wäre, hätte ich gewonnen…«; nein, man muss die willkürlichen, inkohärenten Bewegungen des Pelotons so nehmen, wie sie kommen, und damit umgehen und sich anpassen.

Wenn das Beispiel des Sports hilfreich ist, dann genau deshalb, weil es nicht um moralische Kategorien geht, sondern um *pragmatische*. Es gibt keine »gute« Art zu gewinnen, nur die, die zum Sieg führt. »Das Wichtigste sind die drei Punkte«; »was zählt, ist, als Erster die Ziellinie zu überqueren«: Die abgedroschenen Sprüche haben ihren wahren Kern. Das Ergebnis wiederum darf nicht um jeden Preis erzielt werden, denn ginge der Widerspruch so weit, dass dabei die Idee des Sports selbst geopfert würde, wäre der Sieg definitiv seines Sinns beraubt. Solange man sich im Rahmen der Wettkampfregeln bewegt, d.h. genauer gesagt, solange die Möglichkeit des Betrugs ausgeschlossen bleibt, sind alle Schliche erlaubt. Der Zweck heiligt die Mittel. In diesem Sinne ist der Sport, eben dadurch, dass er seine Akteure zwingt, ihre Überzeugungen und Leitlinien jederzeit, wenn es die Situation erfordert, anpassen zu müssen, im Kern eine ethische Angelegenheit.

Wie kann ein Individuum sich angesichts dieser absurden Welt verhalten, angesichts einer inkonsequenten, sich in ständiger Neuordnung befindlichen Gesellschaft, die es zugleich herstellt und bekämpft? Das ist das Thema dieses Essays, der durch die Augen eines Radrennfahrers zu lesen ist, der unentwegt versucht, einem Peloton zu entkommen, an das er gekettet ist. Weil er selbst es bildet…

Der Start: In die Ausreißergruppe gehen

»Kollektive Intelligenz ist eine übermenschliche Anstrengung.«

Louis-Ferdinand CÉLINE[1]

Der Weg beginnt mit dem, was Philosophen »ein Gedankenexperiment« nennen würden. In der Stadt Buridan oder sonst wo findet ein wichtiges Rennen statt, nennen wir es den Großen Preis der Selbstverleugnung. Zu Beginn der Etappe tobt der Kampf um die Fluchtgruppe. Attacke folgt auf Attacke. Die Situation ist außer Kontrolle. Niemand will die Bürde des Rennens auf sich nehmen.

Schließlich können sich zwei Fahrer lösen. Das Duo an der Spitze gehört derselben Mannschaft an, lassen Sie uns zudem annehmen, die zwei Ausreißer seien Freunde. Die beiden sind die stärksten Fahrer im Rennen. Mit einem gleichermaßen anmutigen wie gewaltigen Kraftakt eilen sie dem Sieg entgegen. Das Ziel naht. Die zwei sind absolut gleich stark. Aber sie werden doch jetzt nicht als Gegner den Sieg im Sprint ermitteln. Was gäbe das für ein Bild ab! Unter Mannschaftskameraden macht man das nicht.

1. Louis-Ferdinand Céline, *Semmelweis*, Denoël, 1936.

Nein, jetzt muss eine Entscheidung fallen. Eine Entscheidung darüber, wer gewinnen wird, wem die Ehre gebührt. Was geht nur in den Köpfen der beiden Fahrer vor, die nun, kurz vor dem Ziel, weiterhin ihre Kräfte bündeln, wohlwissend, dass in wenigen hundert Metern nur einer von ihnen den Lorbeer holen kann? Auch wenn sie derselben Mannschaft angehören und trotz ihrer alten Freundschaft denkt doch jeder der beiden an den Sieg, an das Vergnügen, als Erster ins Ziel zu kommen. Daran ist nichts verwerflich.

Schließlich überquert einer der beiden Fahrer als Erster die Ziellinie, sei es, weil ihr sportlicher Leiter aus obskuren Gründen so entschieden hat, sei es aus Zufall (als ich vor einigen Jahren bei der Meisterschaft der Franche-Comté in der Spitzengruppe war, haben wir das Rennergebnis mittels Schere-Stein-Papier auf dem Rad ausgeknobelt). So funktioniert Radrennsport nun mal: Es kann keine zwei Sieger geben.

Dann kommt es zu einem eigenartigen Phänomen: Diese zufällig ermittelte Hierarchie erweist sich erstaunlicherweise als selbsterfüllend. Der Sieger wird im Ziel alle Ehren empfangen, die Freuden des Podiums genießen, sein Palmarès ergänzt sich für alle Zeiten, das Selbstvertrauen wächst, ja, das gesamte Leben fühlt sich fortan anders an.

Der Zweite dagegen wird, nachdem er einigen Journalisten Rede und Antwort gestanden hat (die, das immerhin, in ihren Berichten die großartige kollektive Leistung unterstreichen – aber wer erinnert sich schon an einen Zeitungsartikel?), den Mannschaftsbus besteigen und seinen normalen Alltag wieder aufnehmen, sicher mit dem Gefühl, seinen Job erledigt zu haben, möglicherweise sogar froh für seinen Freund und Mannschaftskollegen, bliebe da nicht in seinem Inneren ein Rest Bitterkeit.

Die uneingestandene Verbitterung, diese latente Melancholie, ist der Egoismus. Und mit diesem Wort bezeichne ich nicht einen angeblich schlechten Charakterzug, den Moralisten ablehnen. Es handelt sich für mich vielmehr um den natürlichen Instinkt, der dafür sorgt, dass wir unser eigenes Schicksal immer dem eines anderen vorziehen, weil es dabei um unser Überleben geht und um unsere Bestätigung als Individuum. Wenn unser unglücklicher Zweiter verbittert ist und es auch lange Zeit bleiben wird (ganz gleich, wie unbedeutend das Rennen auch gewesen sein mag), und selbst wenn er weiß, dass er dem Sieger eigentlich ebenbürtig ist, dann, weil er spürt, dass es den Kern seiner Person trifft. Er fühlt, dass die Niederlage dieses Tages, so zufällig sie auch zustande gekommen ist, möglicherweise zum ewigen Fluch werden kann. Und das lehnt das Ego ab, eben weil es ein *Ego* im Sinne einer Einheit ist. Diese elementare, unteilbare, unauflösliche und grundlegende Einheit bildet unseren Ausgangspunkt.

Damit dies klar sei: Egoismus ist weder schlecht noch gut. Er ist amoralisch und menschlich, einfach menschlich. Um Spinozas Worte aufzugreifen, ist er diese in allem eingeschriebene Bemühung, das eigene Sein fortzuführen, diese göttliche – also natürliche – Lebenskraft (die der niederländische Philosoph »*Conatus*« nennt).

Wenn das Begehren die Essenz des Menschen ist, dann ist der Egoismus als Bestätigung dieses Begehrens unser primärer Instinkt. In gewissem Sinne wäre das »Schlechte« dann, sich gegen diesen Instinkt zu verhalten und sich von irreführenden Gefühlen leiten zu lassen, die dem Erhalt unserer Person schaden und uns

Kummer bereiten. Es hieße, sich durch eine übermäßig altruistische Haltung selbst zu kasteien, sich selbst zu verleugnen; es hieße, sich als Radrennfahrer zu verstecken und den anderen den Vortritt zu lassen, wenn man in guter Position für den Sieg wäre, oder sich sogar nach vollbrachter Tat in Gewissensbissen zu zerfressen. Wenn zwei gleich starke Mannschaftskollegen sich um den Sieg streiten müssen, so ist die Enttäuschung des Zweitplatzierten normal. Und dennoch verlangt die »Gesellschaft des Pelotons« von ihm, den Sieg des Kameraden gemäß ihrer Ideologie wie seinen eigenen zu feiern[1], was ihn in einem Labyrinth divergierender Absichten zum Gefangenen gegensätzlicher Impulse macht. Ich gestehe: Die politisch korrekten Reden, mit denen das Loblied des Kollektivs angestimmt wird, klingen in meinen Ohren falsch. Der Freude über einen stellvertretenden Sieg werde ich immer das einsame Vergnügen vorziehen, meine Arme allein in die Luft zu recken.

*

Die egoistische Natur des Menschen ist eine unbequeme Wahrheit, weil sie scheinbar im Gegensatz zu einer anderen instinktiven Neigung steht, nämlich unserem natürlichen Verlangen nach Bindung

---

1. Während der Olympischen Winterspiele 2018 in Pyeongchang wurde der Skirennläufer Mathieu Faivre in einem Interview nach seinem fünften Platz im Riesenslalom auf das hervorragende Mannschaftsergebnis der Franzosen (vier Athleten unter den ersten zehn) angesprochen. Noch in der Enttäuschung hatte er geantwortet, »es sei ihm schnuppe« und »wirklich seine letzte Sorge« und dass er vor allem für sich selbst Ski fahre. Vielleicht fehlte es diesen Äußerungen an Takt und Feingefühl, aber verletzend waren sie nicht. Dennoch kosteten sie Faivre seinen Platz im Teamwettbewerb, der am Ende der Spiele stattfand.

und Geselligkeit (auch diese ursprünglich eine Frage des Überlebens und der Machterhaltung). Unsere großen Institutionen stehen beispielhaft für diesen zweiten Instinkt, der von uns paradoxerweise Selbstverleugnung als Überlebensstrategie verlangt.

Kirchen, Staaten, Schulen, Armeen... allesamt Entitäten, die nur durch das existieren, was sie unterdrücken: den Einzelnen. Diese sozialen Körperschaften haben die Aufgabe, Menschen zu vereinen, sie miteinander zu verbinden (der etymologische Ursprung des Wortes Religion ist das lateinische Verb *re-ligere*, was so viel wie »aneinanderbinden« bedeutet). Es geht darum, uns einer Sache anzuschließen, die uns überragt; es geht darum, sich einem höheren Gut zu verschreiben, das es verdient, im Dienst daran sein Leben zu opfern. Man versteht leicht, weshalb jede persönliche Initiative in solchen Organisationen als Bedrohung empfunden wird. Auf keinen Fall darf das viel zitierte »Gemeinschaftserlebnis« gefährdet werden.

Der Sport moderner Prägung darf ganz sicher zur Kategorie der Institutionen gezählt werden, die das allmächtige Kollektiv aufwerten und das Individuum herabwürdigen. Oft hat mich dieses Paradoxon überrascht: Die Champions werden als außergewöhnliche Wesen beweihräuchert und als »Stars« präsentiert. Doch gleichzeitig leiert man endlos Sprüche herunter, dass die Mannschaft an erster Stelle stehe, dass die gegenseitige Hilfe unter Teamkollegen, wenn nicht sogar unter Gegnern erheblich wichtiger seien als die wettkampfentscheidende Aktion des Siegers – fast so, als schäme man sich dafür, dass es einen Ersten gibt, fast so, als wäre der Hyperindividualismus, den der moderne Sport vermittelt, nur eine Fassade, hinter der sich eine tiefe Verleugnung des Egos verbirgt.

Davon ausgehend stellt sich eine Frage: Ist der Sport als Institution nicht die neueste und heimtückischste Form, die unsere Gesellschaft gefunden hat, um den Egoismus auszulöschen? Hat das Peloton ein Interesse daran, dass ein Fahrer ausreißt?

Wie die Religion, deren säkularisierte Form er darstellt, ist der Sport eine Kultstätte, ein Ort des Gemeinsinns und der Hingabe, was sich entlang einer Rennstrecke oder im Stadion leicht erkennen lässt, wenn quasi-liturgische Gesänge angestimmt und Sportler fast wie Halbgötter angerufen werden. Doch trotz der offensichtlichen Anbetung, die sie erfahren, zählen sie selbst am Ende kaum. Wichtig ist, dass sie etwas verkörpern, durch sie soll man sich mit einer Mannschaft, einer Nation oder einer Farbe identifizieren. Bei den modernen Olympischen Spielen sind außergewöhnliche Leistungen oder Ausnahmetalente nur von geringer Bedeutung; sie sind allenfalls das Mittel, um eine gewisse kollektive Ekstase zu erreichen, den Gnadenzustand der athletischen Kommunion. Diese allein besitzt wirkliche Würde, und darum bittet man die Teilnehmer, hinter ihr zurückzutreten.

Ein Athlet muss seine Fahne verteidigen; er soll in erster Linie für sein Land antreten und nicht für sich selbst. Persönlicher Ruhm ist vergänglich. Er muss sich auf die ganze Nation übertragen, der er schmeichelt und die er eint.

Was auch immer man behauptet: Der moderne Sport ist in einen politischen Rahmen eingebettet. Die Olympischen Spiele sind bereits seit langem nicht mehr die Gelegenheit zum Waffenstillstand, im Gegenteil, sie setzen die Konflikte auf ideologischer Ebene fort. Man denkt in diesem Zusammenhang natürlich zuallererst an den Kalten Krieg, als die beiden Supermächte, die Sowjetunion und die USA, sich mangels echtem Schlachtfeld symbolisch in den Stadien befehdeten. Die Olympischen Spiele in Moskau 1980 wurden von den USA boykottiert, die Spiele in Los Angeles 1984 von den Sowjets, ein Beweis für ihren keinesfalls heiligen Charakter. Andere Ausgaben (Berlin 1936, Mexiko 1968, Peking 2008…) waren ebenfalls vom politischen Kontext geprägt. Als Instrument der *Soft Power*, als Schauplatz diplomatischer Erpressung, als Ort des Konflikts ist der moderne Sport fest mit dem Lauf der Welt verknüpft. Daher überrascht es nicht, wenn Staaten ihn zur Verteidigung ihrer Interessen nutzen.

Das ist der Grund, warum der Sport Teil unserer schulischen Erziehung wurde. Seit dem 19. Jahrhundert, zunächst in den englischen *Public Schools*, später in Frankreich unter dem Einfluss Pierre de Coubertins, hat sich der Sport als Bildungsinstrument etabliert, als Mittel der moralischen Erbauung. Für den Baron zielte Körperertüchtigung darauf ab, dem kollektiven Wohlbefinden zu dienen.[1] Der Begründer der Olympischen Spiele der Neuzeit war vor allem Pädagoge und Demokrat. Dementsprechend half er bei der Einrichtung eines »funktionalen« Sports und einer »nützlichen Gymnastik«[2], einer Art »Vorschule zur Demokratie«[3], in der reines Leistungsdenken und Siegesstreben dem höheren Ziel nachgeordnet waren, Kameradschaftsgeist zu stiften, das Loblied des Kollektivs anzustimmen und bestimmte Werte des Gemeinsinns zu vermitteln (Mut, Willenskraft, Fairplay, gegenseitige Hilfe, Teilen, Selbstverleugnung etc.).

---

1. Pierre de Coubertin, *Revue Olympique*, 1910, »Le sport et la morale«.

2. Gemäß dem Titel eines der Werke Coubertins: *Leçons de gymnastique utilitaire*, Librairie Payot & Cie, 1916.

3. Pierre de Coubertin, *Pédagogie sportive*, Les Éditions G. Crès & Cie, 1922. (dt.: *Die Sportliche Erziehung*, Dieck & Co., 1928.)

Insgesamt beruht die Ideologie des Sports, so wie sie sich in den letzten knapp zwei Jahrhunderten entwickelt hat, auf der Unterwerfung des Individuums unter die Gruppe (einem Prinzip, das nur einige außergewöhnliche Personen, die wahren Champions wie Muhammad Ali oder Usain Bolt, haben überwinden können). Resultate sind zweitrangig. Was zählt, ist die Art und Weise, die »Schönheit der Bewegung«, die Fähigkeit, eine Einheit mit seinen Mitspielern, seinen Fans und sogar seinen Gegnern zu bilden. Deren grundsätzliche Andersartigkeit wird gemäß dem wörtlichen Sinne des Wortes »*Competition*« ausgeblendet: »gemeinsame Suche« (*cum-petere*).

Wer hat gewonnen? In Wahrheit eine triviale Frage, unwürdig der echten, hehren Werte des »Sportsgeistes«, der aus Selbstaufopferung und Altruismus besteht. Ganz gleich, wer von beiden Mannschaftskameraden nun als Erster den Zielstrich überquert, ganz gleich, ob es überhaupt einen Sieger gibt: Auf dem Podium ist Platz für alle, so hat es zu sein.

Derartige Gedanken haben mir immer Unbehagen bereitet. Die Bilder von Athleten, die sich am Ende eines Zehnkampfs gegenseitig anfeuern, oder von Seglern, die sich nach einem Transatlantikrennen gratulieren und die Rivalität zu vergessen scheinen, die sie vor wenigen Augenblicken noch füreinander empfanden, sie scheinen mir künstlich und unvereinbar mit dem, was für mich das Wesen des Sports ausmacht. Ich habe kein Problem damit, am Rand der Veranstaltung Sympathie für meine Konkurrenten zu empfinden, ganz im Gegenteil. Ich halte es jedoch für entscheidend, im Rennen die agonistische Dimension aufrechtzuerhalten, den Wettbewerb und die Konkurrenz, weil sonst das gesamte Treiben entweiht, ja, sinnlos wird.

So muss ich gestehen, dass mir die Schlussetappe der Tour de France in jedem Jahr schwerfällt. Bis wir auf die Champs-Élysées einbiegen, handelt es sich um einen langen Festumzug, der Träger des Gelben Trikots stößt mit dem Zweitplatzierten mit einem Glas Champagner an, alle Fahrer plaudern entspannt miteinander, dieselben Fahrer, die sich tags zuvor noch bedenkenlos zur Seite gedrängt hätten. Diese Szenen tragen dazu bei, den symbolischen Wert der Idee zu verfestigen, dass der sportliche Wettkampf nur eine triviale Nebensache ist, nicht »systemrelevant«, um einen aktuellen Ausdruck aus den Zeiten von Covid-19 und der Lockdowns zu gebrauchen. Mich stimmt das melancholisch: War die ganze vorangegangene Mühe, waren die drei Wochen Leiden denn *nichts wert*? In dieser Frage bin ich Nostalgiker. Ich hänge den Zeiten nach, als die Tour de France noch auf der letzten Etappe entschieden werden konnte, als das Rennen noch von einer mystischen Aura umgeben war, die eine Neutralisation undenkbar machte, und der uneingeschränkte, grenzenlose Wettbewerbsgedanke dabei *essenziell* war. Aber vermutlich ist das die Überlegung eines aus der Zeit Gefallenen: Der Sport erfüllt heute eine Funktion, der er sich beugen muss; er muss die Kräfte des Kollektivs an erste Stelle setzen und das Streben nach individuellen Zielen zum Schweigen bringen. Denn schließlich ist es ja wohlbekannt, und die sportlichen Leiter der großen Rennställe und die Trainer in den kleinen Vereinen wiederholen es allzu gern: »Allein sind wir nichts, gemeinsam können wir Berge versetzen.«

Ich erinnere mich an ein Fußball-Trainingslager im Elsass, an dem ich im Alter von acht oder neun Jahren in den Sommerferien teilnahm. Ich hatte mich recht gut geschlagen. Ich hatte so gespielt, wie man es von mir verlangt hatte, *ich hatte die Anweisungen befolgt*. Dies verschaffte mir auf dem Abschlussdiplom eine Auszeichnung, an die ich mich noch gut erinnern kann: »*Bel esprit d'abnégation*« – »großer Aufopferungswille« wurde mir bescheinigt. Im ersten Augenblick hatte ich den vollen Sinn der nichtssagenden Formel nicht begriffen. Später schlug ich dann im Lexikon nach: *ab-negation*, wörtlich: »Verleugnung der eigenen Person«. Die ganze Tragweite des Ausdrucks wurde mir plötzlich klar. Der Sport, so wie er heutzutage gedacht, propagiert und allgemein verstanden wird, hat insgeheim die Auslöschung des Individuums zum Ziel.

Töte dieses unerträgliche Ich oder, nein, bring es nicht um, aber betäube es – das ist das Motto der modernen Kultur, die man uns täglich eintrichtert, von klein an, dank einer Sporterziehung, die ein Loblied auf die Kraft der Gemeinschaft und die Schönheit des Teilens anstimmt, oder auch durch Produktionen der Unterhaltungsindustrie, die wir in bedenkenloser Unschuld konsumieren, ohne zu ahnen, dass sich dahinter in Wahrheit Instrumente der herrschenden Ideologie verbergen. Die Disneyfilme beispielsweise, die jeder kennt und mag, zeigen die Außenseiterposition, die Entscheidung, seinen eigenen Weg zu gehen (die ursprüngliche Intention von Simba, Mowgli und anderen), allenfalls als vorübergehenden Zustand und keinesfalls als vorbildlichen Lebensweg. Letztendlich müssen die Helden dieser Geschichten der Pflicht zur Verantwortung nachkommen, sich in die Tradition von Vätern und Gleichgesinnten einreihen, die Rückkehr zur Ordnung vollziehen, allesamt Kriterien des Erwachsenwerdens. Diese Trickfilme sind keine Unterhaltung. Sie sind Erziehungsprogramme – im gleichen Sinne, wie es viele »Sportschulen« sind.

Man kommt nicht umhin, sich eine Frage zu stellen: Glauben all die Verkünder der herrschenden Lehre eigentlich selbst an ihre

Mythen? Der Lehrer, der bei jeder Gelegenheit erklärt, dass gemeinschaftliche Arbeit zu den besten Ergebnissen führt, kann doch, tief in seinem Inneren, nicht ignorieren, dass die großen Entdeckungen das Werk genialer Individuen und nicht das Ergebnis koordinierter gemeinschaftlicher Überlegung waren? Auch der Fußballgelehrte, der große Taktiker, sieht doch genau, dass jedes Tor von einer plötzlichen Eingebung ausgeht und die genauestens in Videositzungen ausgetüftelten Strategien zwar gewiss eine notwendige Vorbedingung sind, sicher aber keine hinreichende. Und der Rugbyspieler, der gerade zum »*Man of the Match*« gewählt wurde und nun gegenüber den Journalisten erklärt, dass diese Auszeichnung, die ihn heraushebt, für ihn nebensächlich ist, das Wichtigste sei doch die großartige Mannschaftsleistung – ist er dann wirklich ganz ehrlich zu sich selbst? Gibt es in ihm keinen Anflug von persönlichem Stolz?

Man kann dem Radsportler, der gerade Zweiter beim Großen Preis von Buridan geworden ist, keinen Vorwurf machen, wenn er sich insgeheim frustriert fühlt, nachdem er seinem Teamkollegen den Sieg überlassen hat. Sollte man es ihm verdenken? Der persönliche Ehrgeiz hat seine Vorzüge und Berechtigung, er liegt in der Natur des Menschen.

Doch die Gesellschaft des Pelotons ist eine Supermacht, die die Eigenheiten ihrer Mitglieder zermalmen muss, um zu existieren.

*

Es wird fraglos Einwände geben. Zunächst: Was ist mit den Mannschaftssportarten? Was ist mit der Genugtuung von Radrennfahrern, wenn sie ein Mannschaftszeitfahren gewinnen und bekunden, dass sei »ein viel größeres Gefühl« als ein individueller Sieg? Das Argument, das solchen Fragen zugrunde liegt, ist, dass es nicht um den Sieg an sich geht, nicht um den sportlichen Wettkampf als solchen, sondern um das menschliche Abenteuer, das dabei entsteht.

Natürlich geschieht es auch mir, dass ich mich für den Sieg eines Mannschaftskameraden begeistere oder eine perfekt gelungene Gemeinschaftsaktion feiere. Ich bin kein Sprinter, finde aber Vergnügen daran, mich so gut ich kann in den Sprinterzug einzufügen, der unseren schnellsten Mann bei Massenankünften in die bestmögliche Position bringen soll. Wenn alles so abläuft, wie wir uns das in der Mannschaftsbesprechung vor dem Rennen vorgestellt haben, wenn jeder perfekt seine Rolle erfüllt hat und das angepeilte Ziel erreicht wird, dann löst das *gemeinsam* erreichte Ergebnis eine tiefe und echte Befriedigung aus. Im Mai 2021 haben wir als Team Cofidis die Mercan Tour Classic nach einem Rennen gewonnen, das wir von Anfang bis Ende beherrscht hatten. Ich sage bewusst: »*Wir* haben gewonnen«, denn auch wenn ich am Ende allein die Arme hob, hatten doch alle – sportliche Leitung, Betreuer und die anderen Fahrer – ihr Scherflein zum Erreichen dieses Erfolgs beigetragen. Ich fühlte mich meinen Mannschaftskollegen aufrichtig verpflichtet und war glücklich für unser Team.

Dennoch muss ich gestehen, dass die Erfahrung kollektiver Freude nicht dem Gefühl gleicht, allein und als Erster über die Ziellinie zu rollen, diesem absoluten, idiotischen, krassen Adrenalinkick.

Wahrscheinlich sollte man sich fragen, ob all jene, die einen gemeinsamen Sieg angeblich dem Einzelerfolg vorziehen, nicht längst diese herrschende Ideologie internalisiert haben. Der Wunsch nach Zugehörigkeit ist ein sehr starker Beweggrund. Das gilt umso mehr im Milieu des Sports, da dieser strukturell eine Gruppenaktivität ist. Der Wunsch, dazuzugehören, bringt viele Athleten dazu, sich zu verleugnen und Positionen einzunehmen oder Meinungen zu vertreten, die nicht die ihren sind. Das Peloton schätzt keine Ausreißer. Darum fürchtet der Einzelne schnell, ausgeschlossen und ausgegrenzt zu werden. Wie sonst ließe sich der verschwindend geringe Teil offen homosexueller Sportler besonders in Sportarten wie Fußball, Radsport oder Rugby erklären, wenn nicht aus Angst, sich so zu geben, wie man ist, und aus der Befürchtung, sonst sozial und sportlich ins Abseits gestellt zu werden. Behauptungen aufzustellen, die gegen den *Mainstream* laufen, erhöht ebenfalls die Wahrscheinlichkeit, auf Ablehnung zu stoßen – daher üben Sportler bei der Formulierung ihrer persönlichen Ziele eine gewisse Zurückhaltung.

Ich überrasche mich ja selbst dabei, in Pressekonferenzen oder bei offiziellen Ereignissen Ansichten nachzubeten, die man mir beigebracht hat, und mich der »Kraft des Kollektivs« zu beugen. Es ist so viel leichter, politisch korrekt zu bleiben, so viel angenehmer, »maskiert aufzutreten« – um Descartes zu zitieren – und sich den Sitten und Bräuchen seiner Zeit anzupassen. Immerhin bin ich mir meiner Heuchelei bewusst. Aber im Grunde meines Wesens vergesse ich nie diese ganz simple Tatsache: Das Vergnügen, zu gewinnen, ist *mein* Vergnügen.

Auch wenn ich heute der Kapitän meiner Mannschaft bin, finde ich mich immer wieder in der Rolle des Helfers wieder, um aktiv am Sieg eines anderen mitzuwirken. Eine Episode hat meine Jugend als Sportler in besonderem Maße geprägt, lange vor der jüngsten Straßen-WM in Imola. Es handelt sich um die Weltmeisterschaft 2011 in Kopenhagen, an der ich als Mitglied der französischen Junioren-Nationalmannschaft teilnahm. Wir waren eine Bande von Kumpeln, die über das Jahr reihum die schönsten Rennen unserer Kategorie gewonnen hatten. Wir gingen als Favoriten in dieses wichtigste Rennen des Jahres.

Im Finale bildete sich eine Fluchtgruppe. Sie bestand aus sechs Fahrern: zwei Belgier, zwei Holländer, zwei Franzosen. Einer davon war ich, neben Pierre-Henri Lecuisinier, dem Fahrer, dem ich in der Nationalmannschaft am nächsten stand – wir teilten uns ein Zimmer. Auf den letzten Kilometern des Rennens kam das Peloton wieder gefährlich nahe an unsere Gruppe heran, und das auf praktisch komplett flacher Strecke, die uns als Ausreißer nicht eben begünstigte. Anderthalb Kilometer vor dem Ziel trat einer der Belgier an. Ich war überrascht und sprang nicht direkt an sein Hinterrad. Eine schnelle Entscheidung tat not: Entweder ich rühre mich nicht und die Ausreißergruppe ist erledigt, der Belgier zieht davon und wir übrigen werden vom Peloton geschluckt. Oder aber ich setze mich an die Spitze der Gruppe und opfere mich für meinen Mannschaftskameraden und Freund und verliere damit jede Chance, meinerseits ein gutes Ergebnis zu erzielen. Ich habe mich geopfert.[1] Er hat gewonnen. Wir haben gefeiert.

Die Erinnerung an dieses Rennen hinterließ bei mir lange einen bitteren Beigeschmack. Selbstverständlich war ich froh, dass wir dieses Rennen gewonnen hatten. Der Sieg gehörte der

---

1. Das Peloton holte mich in diesem Rennen dreihundert Meter vor der Ziellinie ein, ich belegte am Ende nur den achtundachtzigsten Platz.

Mannschaft, das war das Wichtigste, wie man uns immer wieder versicherte. Mir war klar, dass es im entscheidenden Moment keine andere Lösung gab – mein Mannschaftskamerad war der schnellere Sprinter. Ich hatte also aus den gegebenen Umständen das Beste gemacht; vom Radsportmilieu wurde mein Verhalten übrigens sehr gelobt und auch mein Freund Lecuisinier war voller Anerkennung.

Dennoch habe ich eine gewisse Zeit gebraucht, bis mir bewusst wurde, wie viel lieber ich in Kopenhagen gewonnen hätte. Wiederholt ging mir der Moment durch den Kopf, in dem der Belgier antrat. Ich sagte mir, dass ich aufmerksamer hätte sein müssen. Dass ich ihm zuvorkommen oder zumindest mit ihm mitgehen hätte sollen. Dann hätte ich vielleicht selbst das Regenbogentrikot überstreifen können... Und ich gebe zu: Als ich mich für meinen Teamkollegen opferte, hatte ich vermutlich auch das Bild im Kopf, das ich in der Fernsehübertragung abgab. Ich befand mich zu dieser Zeit schließlich in einer Phase meiner Karriere, in der ich angefangen hatte zu hoffen, das Interesse der Scouts der Profimannschaften auf mich zu lenken. Ich erwartete ganz klar, dass sich meine Entscheidung in irgendeiner Weise bezahlt machte, dass sie einen »*Return on Investment*« abwerfen würde.

Kurz gesagt, aus verschiedenen Gründen habe ich in diesem wie in vielen anderen Fällen gespürt, wie sich meine Individualität dem Gemeinsinn und dem Opferwillen widersetzte. Ich gestehe auch: Viele meiner altruistischen Handlungen lassen sich *a posteriori* mit ganz egoistischen Motiven erklären... Und darin glaube ich keine Ausnahme zu sein.

Bei anderen dagegen ist der Korpsgeist so tief im Bewusstsein verankert, dass er nicht mehr hinterfragt wird. Die Heteronomie wird als Autonomie verkauft. Sie sagen: »Wir haben gewonnen« und identifizieren sich voll und ganz mit dieser übergeordneten Einheit, diesem »wir«, von dem niemand so genau weiß, was es bedeutet. Bezieht sich dieses Pronomen auf die eigene Mannschaft oder auf die Gesamtheit aller Mitspieler? Ist es die Stadt, der Sponsor oder das Land, das man vertritt? In Wahrheit ist es unwichtig, Hauptsache, es gibt die Freude über die Teilhabe am großen Abenteuer und am gemeinsamen Sieg – »Alle für einen, einer für alle!«

Doch sehen wir uns einmal an, was aus diesem magischen Gemeinschaftsgefühl in Krisenzeiten wird, besonders wenn es um Niederlagen geht. Der Fußballfan verwandelt das »wir haben gewonnen« rasch in ein passenderes »sie haben verloren«. Er will von der Niederlage nicht persönlich betroffen sein und darum entsolidarisiert er sich von der Gruppe, mit der er doch einige Momente zuvor noch unzertrennlich verbunden war. Denn was er in der sportlichen Kommunion vor allem suchte, war das eigene Vergnügen.

Auf ähnliche Weise kann man in allen Sportdisziplinen beobachten, wie eine Mannschaft aus Angst vor einer Niederlage Auflösungserscheinungen zeigt. Jeder versucht seinerseits, mit sinnlosen und verzweifelten Aktionen »das Vaterland zu retten«, was allgemein nur zur Folge hat, die Niederlage zu besiegeln. Die Mannschaft löst sich umso stärker auf, je mehr Einzelne noch versuchen, den Wettkampf auf eigene Faust zu entscheiden. Wenn eine Radsportmannschaft bei einem für sie ungünstigen Rennverlauf die Wende herbeiführen will, zum Beispiel wenn es gilt, das Loch zu einer gerade formierten Ausreißergruppe zu schließen, ist es für die Fahrer wirkungsvoller, wenn sie sich zusammentun, absprechen und gemeinsam agieren – statt dass alle für sich in Einzelaktionen den Versuch unternehmen, zur Spitze aufzuschließen.

Diese Versuchung, einzeln zu attackieren, ist weit vom Optimum entfernt; sie ist nichtsdestoweniger menschlich und lässt sich auf allen Ebenen des Sports feststellen. Kinder auf dem Pausenhof oder im Sportverein handeln komplett individuell, bevor man ihnen beibringt, dass kollektives Handeln rationaler ist. In Extremsituationen ist es dieser unterdrückte Instinkt, der wieder an die Oberfläche kommt – sehr oft ohne Erfolg.

Manchmal jedoch ist die Einzelaktion vom Erfolg gekrönt. Mit perfektem *Timing* tritt der distanzierte Rennfahrer in einer steilen Gegenrampe im Anschluss an eine kurvige Abfahrt an, schafft so allein den Sprung nach vorn in die Fluchtgruppe und sorgt dafür, dass seine Mannschaft wieder im Rennen ist. Oft spricht man von »Glück«, wenn dieser unglaubliche Moment eintritt, wenn der Einzelne gegen alle Erwartung eine verzweifelte Lage umbiegt. Eher sollte man darin das besondere Talent des Champions erkennen, der als Dreh- und Angelpunkt seiner Mannschaft in der Lage ist, das Schicksal einer ganzen Gruppe zu bestimmen, ein brillantes Aufflammen des Einzigartigen inmitten des Universellen, das von allen geteilt wird.

Es gibt viele sehr gute Fußballer, doch nur wenige sind geborene Torschützen, »Strafraumfüchse«, wie man im Französischen sagt, oder solche, die den tödlichen Pass beherrschen, wenn sie in einem Geistesblitz einen Freiraum entdecken und den Ball ihrem Mitspieler auf dem Silbertablett servieren. Es gibt viele hervorragende Radsportler, die dennoch nie ein Rennen gewinnen werden. Ihnen fehlt eine Ausnahmeeigenschaft, dieser

Instinkt, der zum Sieg führt. Ihr ursprünglicher Egoismus ist Stück für Stück geschrumpft, er hat sich in den Maßregeln des Kollektivs aufgelöst. Sie selbst können nicht mehr gewinnen und überlassen das ihren Kapitänen, von denen einige außergewöhnliches Talent besitzen und als Champions bezeichnet werden können.

Solche Athleten sind sich ihrer Stärke voll bewusst und können ihr Selbstvertrauen kaum verhehlen. Ein Fußballer wie Christiano Ronaldo bietet dafür das perfekte Beispiel. Er gehört in die Reihe fußballerischer Ausnahmeerscheinungen, deren Genie nie zum Ausdruck käme, wenn sie sich an vorgegebene Spielschemata hielten. Denn das Kennzeichen des Champions ist, sich von der Norm abzuheben. Wäre das berühmte Tor von Diego Maradona bei der Fußball-WM 1986 gegen England zur Legende geworden, wenn er, nachdem er im Solo über das halbe Feld die halbe englische Mannschaft ausgedribbelt hatte, den Ball am Ende zu einem Mitspieler abgespielt hätte, statt das Tor selbst zu schießen? Hinault, Merckx, Anquetil… all die großen Namen des Radsports: Hätten sie in ihrer Zeit so dominieren können, wenn sie nicht auf dem Höhepunkt ihres Ruhms übermenschliches Selbstvertrauen besessen hätten?

Anquetil war physisch möglicherweise nicht viel stärker als Poulidor, doch er hatte diesen unbedingten Siegeswillen, während sich der andere schließlich mit der Volkstümlichkeit des tollen Verlierers begnügte. In beiden Fällen kommt das Ego am Ende auf seine Kosten: Beim Champion unmittelbar durch den Triumph als solchen; im Fall des Verlierers durch die Genugtuung, sagen zu können: »Ich hätte gekonnt…«, und nebenbei die Herzen der Fans erobert zu haben. Wenn man aber genau hinschaut und den Dingen auf den Grund geht, wird man nie so etwas wie Gleichgültigkeit gegenüber der eigenen sportlichen Aktivität feststellen. Nie wird sich ein Athlet mit seiner bloßen Teilnahme begnügen – der Zuschauer, der sich als Fan mit seiner ganzen Person, mit Haut und Haaren, einer Mannschaft verschreibt, übrigens auch nicht.

Eine Mannschaft ist weder ein monochromes Ganzes noch ein Block ohne Risse und Grate. Sie ist eine Ansammlung von Persönlichkeiten, die sich so gut es geht ineinanderfügen werden, ohne dabei ihre individuelle Leistung aus dem Blick zu verlieren. Der amerikanische Sport mit seiner starken Betonung von persönlichen Leistungsstatistiken scheint diesen Punkt zu bestätigen. In Europa sind wir noch dem Mythos der Spieler verpflichtet, »die aus Liebe zum Verein wie ein Mann vereint sind«. Es stimmt schon: Die Rollen von Spielern, Trainern und Betreuern ergänzen einander so gut, dass die Gruppe wie ein homogener Körper wirkt, mit dem sogar die Zuschauer verschmelzen können. Vergessen wir dabei aber nicht, dass es sich nur um einen Schein handelt, und erst wenn wir ihn als solchen erkannt haben, können wir damit auch spielerisch umgehen.

*

»Mitleid ist sanft, denn während wir uns in den Leidenden versetzen können, so spüren wir doch den Genuss, nicht zu leiden wie er«[1] – diese Worte Rousseaus hallen unter jedem Helm eines

1. Jean-Jacques Rousseau: *Émile ou De l'éducation*, 1762. (dt.: *Émile oder Über die Erziehung.*)

Radrennfahrers wider. Wenn man unter Qualen das Rennen beendet oder wenn einem weit abgeschlagen auf den letzten Kilometern im Schlussanstieg des Tages die Lunge aus dem Hals hängt, nervt es furchtbar, die gnädigen Anfeuerungen der Fahrerkollegen zu hören, die ihr Rennen schon beendet haben und auf dem Rad zurück zum Bus ins Tal rollen. Deren Freude andererseits über das gute eigene Ergebnis wird von den ausgemergelten, vor Anstrengung entstellten Gesichtern nur noch verstärkt, von dem Gedanken, auch sie hätten zu »denen da« gehören *können...*

Ähnlich verhält es sich mit der Großzügigkeit: Durch das Geben verdeutlicht man anderen gegenüber die eigene Überlegenheit; man unterstreicht die Tatsache, dass *jener* ein Bedürfnis verspürt, das *ich* nicht habe. Wenn ich mich von einer Sache trenne, dann, weil ich es mir leisten kann, weil ich stark bin und du schwach... Die vermeintliche Großherzigkeit verliert dann ihren Glanz. Denn in erster Linie ist sie nicht auf den anderen, sondern auf einen selbst gerichtet. Sie ist Teil des Spiels um Macht und Einfluss.

Wenn ich mich für einen Teamkollegen opfere, oder er sich für mich, dann deshalb, weil im Allgemeinen eine Gegenleistung erwartet wird: eine Prämie, ein Vertrag, Ruhm, manchmal nur Dankbarkeit oder das Vergnügen, sich als unverzichtbar zu erweisen. Kein Geschenk ist im Sport umsonst, ebenso wenig wie in den übrigen Sphären der Gesellschaft. Das Peloton ist ein Ort des Tauschhandels. Warum sich dessen schämen? Es ist daran nichts Zynisches. Im Gegenteil, wäre der sportliche Wettbewerb nicht von einer Ideologie politischer Korrektheit überzogen, besäße er das Verdienst, alle Beteiligten völlig unverfälscht zu zeigen. Unanständig hingegen ist es, Großzügigkeit zum Absoluten zu deklarieren und die Welt durch die Schaffung eines falschen Ideals zu täuschen.

Wenn eine Hilfe, die man jemand anderem erweist, eine Gegenleistung voraussetzt (Geld, eine helfende Hand im Gegenzug...), ist die Diskussion überflüssig. Nur wenn der Gewinn immateriell ist, kann er den Anschein »totaler« Selbstaufopferung erwecken. Wenn man sich großzügig zeigt, arbeitet man aber in gewisser Weise am eigenen Image, weil man sich dadurch in den Augen anderer – und auch den eigenen – aufwertet. Sind diese »symbolischen« Erträge nicht auch Formen eines »*Return on Investment*«?

Wir alle möchten begehrenswert erscheinen oder unser Ansehen erhöhen. Ich würde es dem wohltätigen Gönner nicht verübeln, wenn er zugäbe, dass sein karitatives Engagement nicht nur der guten Sache dient, sondern auch auf einer Folgenabschätzung beruht, einer – möglicherweise unbewussten – Berechnung dessen, was der Ertrag seiner guten Taten sein könnte. Ich wäre nicht empört, wenn ein Mannschaftskamerad mir gestünde, dass er mich nicht aus reiner Sympathie aus dem Wind nimmt, sondern weil er damit irgendein Interesse verbindet.

Sind reiche Philanthropen, die karitative Einrichtungen finanzieren, frei von Hintergedanken? Solche Leute werden sich gewiss überlegen, wie ihre Geste wahrgenommen wird. Indem sie sich in ein Licht der Empathie rücken, hoffen sie auf eine Form von Eigenwerbung.

Erinnern wir uns an den Brand der Pariser Kathedrale Notre Dame im April 2019 und an die Debatte, die folgte, nachdem einige Superreiche eilig erklärt hatten, sich von einem Teil ihres Geldes zu trennen, um das schöne Bauwerk wiederaufzubauen: Jenseits der bloßen Tatsache – einige Milliardäre geben Millionen für die Rettung eines Denkmals – waren viele bestrebt, hinter der vermeintlichen Großzügigkeit verborgene Interessen aufzudecken. Ein deutlicher Beleg für unsere paradoxe, stets misstrauische Haltung gegenüber angeblich freigiebigen Taten. Man empörte sich, dass diese Leute eine Katastrophe ausnutzten, um in den Genuss von Abschreibungsmöglichkeiten zu kommen, die letztlich vom Steuerzahler zu tragen wären. Angesichts der Polemik hatten sich schließlich einige Spender entschlossen, auf besagte Steuervergünstigungen zu verzichten, was ihnen das Lob des Finanzausschusses der Nationalversammlung einbrachte, der gleichzeitig alle Franzosen dazu aufrief, gleichfalls »so vollkommen selbstlos« zu handeln. Aber muss man nicht auch ohne die Gegenleistung eines finanziellen Vorteils feststellen, dass die Aktion zumindest nicht frei von medialem Ertrag und entsprechenden Intentionen war?

Je mehr eine Katastrophe im Scheinwerferlicht steht, desto mehr Spenden werden fließen, während andere, ebenso tragische Ereignisse außerhalb der Fernsehnachrichten von den Finanzkräftigen vergessen werden. Jenseits ökonomischer Folgen erklärt sich dieses Phänomen dadurch, dass hier die positive Rückwirkung auf den eigenen Bekanntheitsgrad und Status fehlt (sei es in der breiten Öffentlichkeit oder im Falle von kleineren Spenden im näheren Umfeld). Der Mangel an Medienpräsenz führt zu einer geringen kollektiven Mobilmachung von Emotionen: Aus dem Ereignis ist kein Gewinn zu ziehen. Publicity hingegen erzeugt weitere Publicity.

Es geht nicht darum, Mächtige in ihrer Suche nach Aufmerksamkeit oder einen Radsportler, der die Folgen seiner Handlungen mit Kalkül berechnet, zu diskreditieren, schon gar nicht die Menschen, die spenden, weil sie etwas in den Nachrichten gesehen haben, und noch weniger all jene, die aus Eigeninteresse großzügig sind, manchmal nur um ihr Selbstbild aufzubessern, was ebenfalls eine Form der Belohnung für eine freigiebige Geisteshaltung ist. Man kann über diese Taten keine moralischen Urteile fällen, da es hier nicht um »Werte« geht, denn Berechnung und Empfindung vermischen sich fortwährend und eine Unterscheidung ist unmöglich.

*

Das menschliche Wesen braucht Transzendenz. Wir müssen etwas erreichen, das größer ist als wir selbst, etwas, das uns an einem Universellen teilhaben lässt und das Kümmerliche unserer jeweiligen Lebensläufe zu sich emporzieht.

Seit inzwischen mehr als einem Jahrhundert ergänzt der Sport die Reihe transzendenter Orte, neben der Kirche, der Liebe oder der Kunst. »Sich selbst übertreffen«, so lautet das Mantra aller Athleten, seien es Profis oder Amateure. Was sucht der Sonntagsradler, wenn er sich mit ein paar Kameraden auf den Hügeln der Umgebung verausgabt? Was ist das Ziel des Radprofis, der im systematischen Training täglich seinen Körper auspresst, um ein paar Watt mehr zu erreichen? Es geht um das gleiche Gefühl, die gleiche Empfindung, nämlich das eigene Ich zu übertreffen, einen Vorsprung auf sich herauszufahren, es geht um die Euphorie, die darin gipfelt, einen Zustand zu erreichen, in dem sich Schmerz und Vergnügen mischen, Hyperästhesie an Ekstase grenzt und einem das Gefühl verschafft, aus sich selbst herauszutreten und dabei seine Singularität zu vergessen.

An diesem animalischen Verlangen, das manchmal ins Sublime übergeht, ist nichts Verwerfliches. Man darf nicht vergessen, dass es nichts zu übertreffen gäbe, wenn es kein ursprüngliches *Selbst* gäbe... Es ist nicht unser Wille nach Mehr, den ich kritisiere (denn eben jener treibt auch mich in meiner sportlichen Praxis an), sondern das Marketinggewand, mit dem dieses Streben verkleidet wird, seine Überhöhung, sei es aus moralischen Gründen, sei es aus Scham vor der Körperlichkeit und der materiellen Trivialität des Lebens. Die großen Menschen und die großen Gesten sollen weder Menschen noch Gesten sein: Sie sollen einfach nur groß sein und über ihre zugrundeliegenden Instinkte und ihre Inspiration schweigen, Stille über alles breiten, was sie zu ihren Taten führte, warum sie wurden, wie sie sind. Man will allein das Ergebnis sehen, das Wesen – weshalb man Menschen als »Persönlichkeiten«, als »Typen«, darstellt, von denen man annimmt, dass sie seit Ewigkeit so existieren. Dabei übergeht man ihr Werden, das, was zur Bildung ihrer Persönlichkeit geführt hat, den Prozess hinter der Tat.

Man sollte vielmehr frei heraus sagen dürfen: In jedem Akt der Großzügigkeit lebt eine egoistische Regung fort, ein Teil Berechnung, die kaum bewusste Einschätzung dessen, was einem dieses Verhalten einbringt. Wenn es heißt, »*ich* gebe«, dann ist da immer ein »Ich«, das gibt. Das Individuum vergisst sich nicht, sogar mit dem Risiko, zu verleugnen, was es ist – eine ungesunde Haltung, die eine tiefe Unlust am Leben signalisieren würde. Eine Gabe jedoch, die das persönliche Element völlig ausschließt, wäre nicht mehr länger menschlich, sondern heilig.

Das Peloton besteht nicht aus teuflischen Wesen, aber letztlich gäbe es ohne den Wunsch, zu glänzen, der die Rennfahrer anstachelt und fester in die Pedale treten lässt, keinen Wettbewerb. Als Hochleistungssportler sind wir alle von einem großen Siegeshunger getrieben. Wenn wir bei gewissen Gelegenheiten diesen Hunger unterdrücken können und unsere persönlichen Chancen zugunsten eines Mannschaftskollegen aufgeben, dann nur, weil wir darin eine indirekte Möglichkeit sehen, unsere Individualität auf ihre Kosten kommen zu lassen. Denn was wir erzeugen, ist in gewisser Weise ein Schuldverhältnis; wir verpflichten den anderen, es uns später gleichzutun oder eine Form der Kompensation zu leisten. Und der Schuldner wird sogar mehr tun müssen, denn die Zeit schafft einen Zins, wie es Marcel Mauss 1924 in seinem Essay *Die Gabe* erläutert.

Der französische Anthropologe untersucht darin das Phänomen des Schenkens bei gewissen amerikanischen und pazifischen Völkern. Er erklärt, dass jede Gabe eine Gegengabe erfordert. Was er als »totale Leistungen« von Stamm zu Stamm bezeichnet, sind keineswegs kostenlose Geschenke, es sind vielmehr Darlehen, adressierte Verpflichtungen, die sich in Machtspiele und soziale Abhängigkeitsbeziehungen einfügen. Im Mittelpunkt steht dabei die Frage der Ehre. Durch die Teilnahme an Austauschbeziehungen behauptet man seinen Rang

1. Marcel Mauss: *Essai sur le don. Forme et raison de l'échange dans les sociétés archaïques*. In: *L'Année Sociologique*, 1 (1923/24), Alcan, 1925. (dt.: *Die Gabe. Die Form und Funktion des Austauschs in archaischen Gesellschaften*. Suhrkamp, 1968.)

und *in fine* die eigene Existenz. Nicht zurückgeben zu können, bedeutet, »sein Gesicht zu verlieren« und auf diese Weise im Grunde seine Menschlichkeit.

Als Bernard Hinault 1986 lieber sein Versprechen vom Vorjahr einhielt, dem Mannschaftskollegen Greg LeMond zum Tour-de-France-Sieg zu verhelfen, statt selbst zu versuchen, die Tour ein sechstes Mal zu gewinnen, verhielt er sich ganz diesem Muster symbolischer Tauschbeziehungen entsprechend. Er hätte LeMond verraten können, er hätte einen Rückzieher machen können – aber dann hätte er seine Schwäche, seine geistige Unterlegenheit offenbart. Hinault hat es hingenommen, zu verlieren, um Ehre zu gewinnen.

Im Anschluss an ein Rennen, bei dem ein Teamkollege sich besonders ins Zeug gelegt hat, um mich auf die Siegesstraße zu bringen, fühle ich mich ebenfalls verpflichtet. Mein erster Sieg bei einem Profirennen, bei der Tour du Limousin 2017, erfolgte nach einer langen gemeinsamen Flucht mit einem Kameraden aus meiner damaligen Mannschaft Wanty Groupe-Gobert. Als die Ziellinie nahte und klar wurde, dass das Peloton uns den Sieg nicht mehr streitig machen konnte, gab er mir ein Zeichen, ein paar Längen Vorsprung herauszufahren: Sein Vertrag laufe aus und er zähle bei den nächsten Verhandlungen auf meine Fürsprache beim Teammanager. Wir haben im Ziel beide gejubelt, doch war ich der Einzige, dessen Palmarès wuchs, dessen Siegesstatistik einen neuen Eintrag erhielt. Natürlich habe ich noch am selben Abend den Chef der Mannschaft angerufen und dabei das Gewicht in die Waagschale gelegt, das man meiner Meinung inzwischen beimaß, wenn es um die Vertragsverlängerung eines Kollegen ging. Ein Austausch von Gefälligkeiten…

Innerhalb von sportlichen Wettbewerben findet somit ein zweiter Wettbewerb statt, das Rennen um erwiesene Dienste. Es findet nicht aus Freundschaft, Pflichtgefühl oder »weil man dafür bezahlt wird« statt, sondern um seinen Platz in der Mannschaft zu behalten oder im Peloton einen gewissen Status zu erreichen – oder manchmal ganz einfach aus Stolz.

Die Beziehungen zwischen Mannschaftskameraden und selbst Gegnern im Radsport können mit den Phänomenen des *Potlatsch* (im Westen Nordamerikas) und des *Kula* (in Neuguinea) verglichen werden, für die sich Marcel Mauss interessierte. Es sind große, feierliche Warenverteilungen, bei denen ein atemberaubender Überbietungswettlauf um Geschenke stattfindet, ein verzweifelter Wettstreit darum, wer am meisten verschenken oder den wertvollsten Gegenstand zerstören kann, um seine Überlegenheit zu demonstrieren. Um den impliziten Konkurrenzaspekt dieser Tauschrituale zu verdeutlichen, definiert Mauss das Phänomen als »totale Leistung *vom agonistischen Typ*«.

Während eines Radrennens sieht man häufiger, dass einige Fahrer »eine Show abziehen«, indem sie aus allen Rohren attackieren und das praktizieren, was einer meiner sportlichen Leiter im Amateurbereich mit einem amüsierten Ton der Missbilligung »Hurra-Radsport« nannte. Meist geht dies auf Kosten des Resultats, denn ein gutes Ergebnis wird in der Regel dadurch erzielt, dass man ruhig und gefasst bleibt und seine Attacken mit chirurgischer Präzision setzt. Vielleicht ist der Sieg nicht einmal das angestrebte Ziel; für manche geht es vor allem darum, zu zeigen, wie stark sie sind, darum, ihre Kraft zu demonstrieren. Ähnlich wie der von Mauss untersuchte *Potlatsch* sollen diese sinnlosen Attacken signalisieren, dass man jederzeit in der Lage wäre, seine volle Kraft auf die Straße zu bringen, weil man mehr als genug davon besitzt. Das ist es, was im Radsport mit »*Panache*« gemeint ist: einen großen Kampf liefern, so dass alles so aussieht, *als habe man* gewonnen...

Bei anderen Gelegenheiten ist die Attacke kein Theater, sondern ein Test unserer Gegner. Auch hier geht es wieder darum, einen psychologischen Vorteil zu erlangen. Wir geben etwas von uns, um aufzudecken, was der andere im Gegenzug bieten könnte: Kann er mir folgen? Wird er kontern? Wir zahlen, um zu sehen.

Dieses System des Gebens und Nehmens, das von stets unterschwelligen Rivalitäten zeugt, lässt sich auf die Gesellschaft als Ganzes ausdehnen. Bereits Mauss beginnt mit dieser Ausweitung, indem er auf den letzten Seiten seines Essays Formen des *Potlatsch* in unseren westlichen Gesellschaften identifiziert und als Beispiel dafür die Höflichkeitsfloskel des »Guten Tag« anführt, die weniger ein Ausdruck echter und aufrichtiger Freundschaft ist, als vielmehr die Absicht ausdrückt, unserem Gegenüber eine Vereinnahmung und Verpflichtung aufzuerlegen: Ist der Gruß einmal gegeben, wird eine Antwort erwartet oder vielmehr sogar eingefordert. Genauso ist ein Weihnachten unvorstellbar, an dem man Geschenke bekäme, ohne selbst welche zu machen.

Dieser Imperativ der Gegenseitigkeit und die Tatsache, dass einige nicht in der Lage sind, ihm zu entsprechen, erklärt, weshalb Spenden für Empfänger auch verletzend sein können. Oft wird von den Begünstigten verschiedener Solidaritätsprogramme ein Gefühl der Scham geäußert. Man hat mir gegeben, also muss ich ebenfalls geben und zwar mehr, als ich empfangen habe. Doch meine Position der Armut – eben der Grund, weshalb man mir etwas zuteilt – impliziert ja, dass ich nichts zurückgeben kann. Daher sitze ich in der Falle, bin Gefangener meiner sozialen Situation. Meine Minderwertigkeit wird gerade durch das bestätigt, mit dem man mir Erleichterung verschaffen will.

Der zutiefst soziale Akt, den eine Spende darstellt, ist also nicht Ausdruck einer sich verleugnenden Individualität, sondern im Gegenteil ein Machtmittel, eine Waffe zur Erzeugung eines Netzwerks von Abhängigkeiten. Er ist eingebettet in ein System der Domination, in ein Spiel der Kräfte, das die eigene Aufwertung zum Ziel hat.

Weshalb aber fühlt man sich verpflichtet, etwas zurückzugeben? Was ist dem gegebenen Ding eigen, das eine Gegengabe erfordert? Mauss schreibt dazu: »Das, was in dem empfangenen oder ausgetauschten Geschenk verpflichtet, kommt daher, dass die empfangene Sache nicht leblos ist. Selbst wenn der Geber sie abgetreten hat, ist sie noch ein Stück von ihm.« Dieses »ein Stück« ist das »*Hau*«, der Geist der Dinge, der nie aufhört, dem ersten Eigentümer zu gehören. Aus unserer Perspektive betrachtet ist das *Hau* die Individualität, die per Definition nicht teilbar ist; es ist die Individualität, die nicht im Gemeinsamen aufgehen kann, ohne sich selbst zu zerstören. Folglich kann der Mensch sich nie wirklich hingeben; er verleiht sich vielmehr nur – mit einer ganz gewissen Erwartung…

So hatte Greg LeMond es 1985 gemacht. Hinault blieb im nächsten Jahr keine Wahl, als seinen Kredit zurückzuzahlen.

*

Manchmal werden Versprechen jedoch nicht eingehalten. Wenn die Spannungen eskalieren, kommt die rohe Gewalt des Individuums zum Vorschein. Der Ruf des Egoismus wird zum Schrei. Ist im Radsport in kritischen Situationen die körperliche Unversehrtheit bedroht, dann tritt, ob Helfer oder Kapitän, an die Stelle der Ideale von Aufopferung und Selbstverleugnung das »Jeder für sich«. Nach einem Sturz oder bei extremen Wetterbedingungen weicht die Überlegung dem Instinkt, taucht das Ego wieder auf und entfaltet sich ungebremst. Man will vor allem sich selbst retten.

Ich erinnere mich an mein allererstes Lüttich-Bastogne-Lüttich im Jahr 2016, als ich die Welt des Profiradsports kennenlernte. Das Wetter war entsetzlich: Den ganzen Tag über – das heißt sieben Stunden lang und über eine Distanz von zweihundertsechzig Kilometern – herrschten zwischen null und fünf Grad, wechselten sich Regen und Schneeschauer ab. Meine Mannschaft hatte einen unangefochtenen Kapitän, der Aussichten hatte, das Rennen zu gewinnen. In der Teambesprechung war meine Rolle und die meiner Kollegen klar: unseren potenziellen Siegfahrer so lange wie möglich beschützen, bei ihm bleiben, wenn er aus irgendeinem Grund anhalten muss, kurzum, ihn für das Finale in die bestmögliche Ausgangsposition bringen. Auf dem Papier waren wir alle zur Erfüllung dieser Mission bereit. Nur zerbarsten die guten Absichten draußen auf der Rennstrecke nach stundenlanger Quälerei und unzähligen Schneeschauern an der Realität. Unser Kapitän hatte völlig unterkühlt angehalten, um sich trockene Sachen überzuziehen; durchgefroren, wie wir waren, war keiner von uns mehr gewillt, ihn wieder ans Peloton heranzuführen. Wir waren aus dem Rennen und gegenüber Anweisungen unseres sportlichen Leiters buchstäblich taub geworden. Vor Kälte bibbernd wollten wir nur noch unsere eigene Haut retten, wollten die Sache so schnell wie möglich hinter uns bringen – und ganz sicher nicht irgendwo in den tiefsten Ardennen am Straßenrand anhalten und dabei eine noch tiefere Unterkühlung riskieren. Im Team hat uns absolut niemand den geringsten Vorwurf gemacht: Jeder wusste aus eigener Erfahrung nur zu gut, dass es in einem solchen Fall sinnlos ist, gegen die Überlebensinstinkte anzureden.

Im Sport gibt es einen weiteren außerordentlich wachen Sinn: den Gewinnerinstinkt. Wenn eine unvorhergesehene Rennsituation dem Helfer, dem *Gregario*, die Gelegenheit bietet, seine persönliche Karte auszuspielen, kann die Versuchung groß werden, seinen designierten Kapitän zu verraten. In der Geschichte des Radsports gibt es zahlreiche Beispiele für Untreue gegenüber der Hierarchie. Eines der berühmtesten ereignete sich bei der Straßen-WM 1963 in Ronse, als mit Benoni Beheyt ein praktisch namenloser Fahrer beschloss, seinen eigenen Sprint zu fahren, und das Rennen dann auch gewann, obwohl er versprochen hatte, sich in die Dienste seines Landsmanns Rik Van Looy zu stellen, des Kapitäns und großen Stars der belgischen Mannschaft. Der Lockruf des Sieges war stärker als alle schönen Versprechen. Der Fall wurde seinerzeit kontrovers diskutiert. In den Folgejahren tat Van Looy alles, um der Karriere von Beheyt zu schaden. Nur ein paar Jahre später erklärte dieser mit nur 26 Jahren den Rückzug vom aktiven Radsport. Die Bürde des gebrochenen Schwurs wog offenbar zu schwer.

Aber sind diese selten offen gezeigten, wenn auch immer vorhandenen egoistischen Impulse möglicherweise allein das Vorrecht narzisstischer Athleten, die sich von der menschlichen Realität abgekoppelt haben? Im wirklichen Leben, abseits des Universums der Sportstätten und der herzlosen Monster, die sie bevölkern, existiert der wahre, reine und echte Altruismus durchaus. So wie in der Liebe zu den eigenen Kindern: Eltern sind bereit, ihr eigenes Leben hinter das ihrer Kinder zu stellen. Die Opferbereitschaft und Entpersonalisierung sind hier maximal; das kann so weit gehen, dass jemand riskiert, selbst zu sterben, damit ein anderer leben kann. Man müsste schon sehr, sehr zynisch sein, wenn man darin ein verdecktes egoistisches Verhalten erkennen möchte...

Und dennoch: Gibt es einen größeren autozentrischen Akt, als ein Kind zu zeugen? Viele Eltern geben gerne zu, dass ihre Familie und insbesondere ihre Kinder etwas sind, das *ihrem* Leben einen Sinn gibt. Sich fortzupflanzen, bedeutet, seiner Existenz eine Richtung zu geben. Es ist auch eine Bestätigung: Ich habe ein Recht auf Leben. Und diese Gefühle – die Suche nach Sinn, der Wunsch, seine Macht bestätigt zu sehen – können so stark sein, dass sie es rechtfertigen, dafür das eigene Leben zu opfern. Sie können so stark sein, dass es möglich ist, zum Sterben bereit zu sein, damit das eigene Leben eine Daseinsberechtigung erhält, ohne dass darin ein Widerspruch läge. Nichtsdestoweniger sind wir durch den anderen und in der Fürsorge für ihn zuallererst mit uns selbst befasst, so dass dieser höchste Wert, den wir unseren Kindern beimessen, letztlich immer noch ein Wert *für uns selbst* ist.

Um es noch einmal zu betonen: Diese uneingestandenen Realitäten des Elternseins sind völlig natürlich, denn das, was sie bezeugen – nämlich unseren tief sitzenden, unüberwindbaren

Egoismus jenseits aller hehren Gefühle der Selbstaufgabe –, ist in keiner Weise verwerflich. Natürlich muss in einem zweiten Schritt dann eine Ethik eingreifen, um unserem Verhalten in einer Welt der Interaktionen und in einer Gesellschaft, an der wir notwendigerweise teilhaben müssen, einen Rahmen zu setzen. Aber an diesem Punkt ist es weder unmenschlich noch töricht, das eigene Leben dem Leben des Nachwuchses vorzuziehen.

Das ist die Lehre, die man auch aus dem Mythos der griechischen Heldin Medea ziehen kann, die aus enttäuschter Liebe ihre Kinder tötet, nachdem Jason sie verstoßen hat. War Medea entfremdet? Ich glaube nicht – vielmehr ist sie ein Symbol absoluter Individualität. Die Zauberin war nicht verrückt, sondern menschlich, allzu menschlich, und gerade deshalb ist sie zu verurteilen: nicht weil sie ein Verbrechen gegen ihre Art begangen hat, sondern weil sie ihre leidenschaftliche und zerstörerische Menschlichkeit nicht im Zaum halten konnte.

Die Erinnerung an diesen Mythos erzeugt in meinem Innern eine gemeinsame Resonanz mit einem prägenden Erlebnis meiner Kindheit: Ich muss um die zehn Jahre alt gewesen sein, als im Fernsehen eine Doku-Fiction über Hiroshima nach dem Abwurf der Atombombe lief. Man sah eine weinende japanische Mutter, die ihr unter Trümmern verschüttetes Baby zurücklassen musste, weil sie im flammenden Inferno vor einer unmöglichen Entscheidung stand: ihr Kind retten und sterben oder es verlassen und überleben.

Diese Szene ist natürlich vom Mythos der Medea grundverschieden, weil im einen Fall die Person eigenverantwortlich handelt und im anderen das Opfer ist. Was mir jenseits des Schocks der Bilder klar wurde, war eine gewisse Analogie. Jedes Kind macht eines Tages die Entdeckung, dass die Erwachsenen, insbesondere die eigenen Eltern, Fehler haben, dass sie keine Götter sind, sondern Lebewesen mit Empfindungen und Ressentiments, Begierden und Schwächen. Dass es sich um Wesen handelt, die in der Lage sind, euch zu verlassen, oder, weniger extrem, euch einfach zu vergessen, wenn ihr euch bei einem Festessen langweilt, weil sie zu sehr damit beschäftigt sind, in Gesellschaft zu glänzen.

Der innere Konflikt dieser japanischen Frau, die zwischen der ehrlichen und absoluten Liebe zu ihrem Baby und dem Imperativ des Lebens hin- und hergerissen ist, symbolisiert in zugespitzter Art und Weise die Spannung, in der wir alle zwischen ständiger Sehnsucht nach dem anderen (bis hin zum Wunsch nach Verschmelzung) und dem Instinkt zur Selbsterhaltung leben. Selbstverständlich ist es schockierend, wenn dieser Instinkt in Extremsituationen die Oberhand gewinnt. Es ist sogar dramatisch: Wir kämpfen gegen eine Realität, die angeboren ist und an der wir nichts ändern können. Daher unsere fundamentale Hilflosigkeit, daher das unauflösbare Schuldgefühl.

Die Natur befiehlt uns, zu überleben, und die Moral gebietet uns, den Nächsten zu retten. Dieser Doppelbefehl, der nichts weniger als den Ausgleich von Individuum und Kollektiv einfordert, lässt sich in den meisten Momenten unserer Existenz glücklicherweise befolgen, ohne dass wir uns einer Problematik überhaupt bewusst würden. Aber unter Extrembedingungen wie den eben geschilderten kann die Balance unmöglich aufrechterhalten werden – ein Beweis dafür, dass der Opferwille in letzter Instanz dem Instinkt zur Selbsterhaltung nachgeordnet ist.

Geht aber jemand so weit, sein Leben für das seines Nächsten zu opfern, für die Verteidigung von Werten oder eine Kultur, die er über alle Maßen schätzt, so wäre dies fraglos ein heroischer Akt, aber kein menschlicher mehr. Ein Individuum, das vom übergeordneten Lebenswillen getragen ist und sich im Namen desselben selbst tötet: Das ist ein Skandal! In dem Moment, wo Medea sich umbringt, wird sie unmenschlich…

Die Widersprüchlichkeit ist tragisch, sie ist unbegreiflich. Es braucht Poeten, um die richtigen Worte zu finden. Achill, der Archetyp des Helden, die zentrale und dominierende Figur der *Ilias*, erkennt nach seinem Tod vom Hades aus, dass er es bedauert, aus Ehre gestorben zu sein. Lieber würde er jetzt leben und »als Ackerknecht Lohndienste bei einem anderen, einem Manne ohne Landlos leisten, der nicht viel Lebensgut besitzt, als über alle die dahingeschwundenen Toten Herr sein!«[1] Er gesteht, dass das Opfer sinnlos war. Nur die Götter können sich völlig für das Leben eines anderen hingeben. Menschen dagegen sind dazu verdammt, sich selbst zu bevorzugen.

*

Im Alltag bin ich ein höflicher und zurückhaltender Mensch. Ich möchte sogar behaupten, dass ich Werte habe oder zumindest eine gewisse Vorstellung davon, was anständiges Verhalten ist. Wenn ich jemand sehe, der Schwierigkeiten mit seinem schweren Koffer hat, biete ich ihm meine Hilfe an. Wenn beim

1. Homer, *Odyssee*, XI. Gesang.

Aperitif auf dem Tablett nur noch ein letztes Häppchen übrig ist, gebe ich nicht der Versuchung nach. Kurz gesagt, darf man durchaus feststellen: Ich verfüge über Moral.

Grundsätzlich bin ich im Peloton genauso höflich. Unsere Rennen sind lang und bieten häufige Auszeiten. Das sportliche Kräftemessen mit vollem Einsatz ist in diesen Phasen weit genug entfernt, dass wir die Chance haben, uns mit unseren Konkurrenten über alles Mögliche zu unterhalten. Ein anderer Fahrer versucht, voll beladen mit Trinkflaschen wieder seine Kollegen zu erreichen? Wenn er »*Service!*« ruft (ob auf Französisch oder nicht – eine dieser stillschweigenden Vereinbarungen, die unseren Alltag regeln), mache ich sofort Platz, um ihn vorbeizulassen. Bleiben mir nach der Verpflegungskontrolle in der Musette noch ein paar Energieriegel oder -gels, dann biete ich sie lieber meinem Nachbarn an, statt sie in der dazu von den Veranstaltern vorgesehenen »*Litter Zone*« zu entsorgen. Insgesamt verhalte ich mich also durchaus ehrenwert.

Wenn dagegen die Zeit der Konfrontation kommt, das Tempo verschärft wird und die Ziellinie naht, verwandle ich mich. Moral und Anstand schweigen; ich finde zu meiner ursprünglichen Animalität zurück. Jetzt zähle nur noch ich.

»*Service!*«

»Zu spät, mein Freund. Das Rennen hat begonnen, jetzt kommt es auf jede Position an.«

Dann gebrauche ich meine Ellenbogen gegen dieselben Kontrahenten, mit denen ich gerade noch freundschaftlich plauderte, um mir einen Platz in den vorderen Rängen des Pelotons zu sichern. Ich verteile keine Gels mehr. Zucker ist plötzlich wieder ein wertvolles Gut geworden, ein Energieschatz, den man verwahren muss. Die primären Instinkte kommen im Wettkampf ans Licht.

Was uns dieser Sport zeigen kann, ist, dass wir uns von unseren prähistorischen Vorfahren nicht sonderlich unterscheiden, dass wir nicht grundverschieden von den übrigen Tieren oder pflanzlichen Organismen sind. Wir sind Materie auf der Suche nach Entfaltung. Diese übermächtige Bevorzugung des eigenen Ichs widersteht dem *Diktat* des Kollektivs und ist stärker als jede Liebe, die man einem anderen Wesen gegenüber empfinden kann, da sie allen Organismen genetisch eingeschrieben ist.

Das war auch der Kerngedanke eines Buchs, das in den 1970er Jahren viel diskutiert wurde: *Das egoistische Gen* von Richard Dawkins.[1] Im Mittelpunkt dieses Werks stand die These, dass die Gene, die sich innerhalb von Organismen besonders hervorheben und letztlich durchsetzen, diejenigen sind, die ihren eigenen Interessen dienen.

Dawkins folgte damit der Linie Darwins, für den alle Lebewesen in einem Kampf ums Dasein verstrickt sind, der durch natürliche Selektion entschieden wird. Das Leben ist ein Wettstreit, aus dem derjenige als Sieger hervorgeht, der sich besser als seine Konkurrenten seiner Umgebung und deren Regeln anpasst. Das sportliche Vokabular ist dabei kein rhetorischer Trick: Es ist dasselbe, das Darwin in *The Origin of Species* benutzt (vor allem, wenn es um die sexuelle Selektion geht).

---

1. Richard Dawkins: *The Selfish Gene*. Oxford University Press, 1976. (dt.: *Das egoistische Gen*. Springer, 1978.)

Der sportliche Wettkampf, der jeden auf seine brutale Animalität zurückwirft, ist demnach nur die konsequente Fortführung einer biologischen Tatsache. Auch wenn das Peloton von außen betrachtet wie ein uniformer Block erscheint, als Gemeinschaft von homogenen Mannschaften, die wie Länder oder Gesellschaften als geschlossene Einheiten wahrgenommen werden, offenbaren der Druck der Anstrengung und das Gesetz des Sieges doch recht schnell die Übermacht individueller Ziele. In der Tat erweisen sich Versuche, das Peloton zu einen – insbesondere gewerkschaftliche Initiativen –, oft als brüchig.

Während der ersten Etappe der Tour de France 2020 in Nizza, als sich eine Überzahl der Fahrer aufgrund der rutschigen Strecke auf eine Neutralisierung des zu gefährlich gewordenen Rennens geeinigt hatte, attackierte das Team Astana in der Abfahrt, um die Situation auszunutzen.

Ein paar Wochen später, diesmal beim in den Herbst verschobenen Giro d'Italia, wurde die 19. Etappe, die bei strömendem Regen über zweihundertfünfzig Kilometer führen sollte, dank eines Streiks des Pelotons um mehr als die Hälfte verkürzt. Einen völligen Konsens aber gab es nicht: Vier Mannschaften – gerade jene, die ein Interesse daran hatten, dass das Rennen so schwer wie möglich wäre, um etwaige Schwächen der Gegner ausnutzen zu können – wollten die ursprüngliche Streckenlänge beibehalten.

Schließlich formierte sich im selben Jahr bei der Spanien-Rundfahrt wegen eines Fehlers der Rennkommissäre bei der vorangegangenen Etappe ein Protest, der den Start um mehrere Minuten verzögerte. Bei der Betrachtung der Fernsehbilder hätte man die Fahrer für eine geschlossene Einheit halten können. Ich war dabei; ich kann bezeugen, dass innerhalb des Pelotons die Meinungen über die zu ergreifenden Maßnahmen alles andere als einhellig waren. Die Ansichten gingen je nach Interessenlage sogar innerhalb der einzelnen Mannschaften weit auseinander.

Diese Idee von einer egoistischen Natur des Menschen, ja, des Lebendigen überhaupt, die solche Beispiele aus dem Sport im Einklang mit den Theorien von Darwin und später Dawkins zu bestätigen scheinen, wurde jedoch mit dem Argument kritisiert, dass sich täglich im menschlichen Leben wie auch im Tierreich rein altruistische Handlungsweisen beobachten lassen. Darwin ließ diese Kritik gelten – obschon sie doch ein schwerwiegender Einwand gegen seine Theorie war, die er als Kampf ums Dasein entwickelt hatte. Seine Entgegnung war, dass sich natürliche Selektion nicht nur auf Individuen, sondern auch auf Gruppen anwenden ließ: Arten mit einem höheren Grad an Kooperation hatten größere Überlebenschancen, auch wenn dies das »Opfer« einzelner Mitglieder erforderte (wie Bienen, die sich selbst zum Tode verurteilen, wenn sie ihren Stachel im Feind zurücklassen).

William D. Hamilton, ein britischer Biologe, griff um 1964 die Frage erneut auf und entwickelte die Theorie der »Verwandtenselektion«: Wenn sich Individuen für Verwandte aufopfern, dann deshalb, weil sie dadurch Gene bevorteilen, die den ihren ähnlich sind. So können sie auf indirektem Weg ihre Interessen durchsetzen.

Diese Theorien – »Egoismus« der Gene, »Gruppenselektion«, »Verwandtenselektion« – werden heute noch diskutiert. Man wirft ihnen oft einen zu biologistischen Ansatz vor, der kulturelle

Faktoren nicht ausreichend berücksichtigt (das soziale Gebot der Gegenseitigkeit, die Bedeutung des Ansehens). Einige gehen noch weiter und verlangen einen Paradigmenwechsel: Man solle gar nicht erst versuchen, hinter altruistischen Taten irgendwelche verborgenen Ziele zu suchen. Selbstlosigkeit sei nämlich das eigentlich natürliche Verhalten – der Egoismus dagegen ein ideologisches Konstrukt, das dazu dient, der kapitalistischen Doktrin ein theoretisches Fundament zu liefern. Diese Strömung wird heute als »Konvivialismus« bezeichnet. Sie versteht sich als Fürsprecherin einer Gesellschaft, die auf der Praxis des Teilens und der gegenseitigen Hilfe basiert und in welcher Kooperation die Norm darstellt.

Doch hat diese Debatte – ob der Mensch nun egoistisch oder altruistisch ist – überhaupt eine Berechtigung? Denn wie die angeführten Beispiele aus dem Radsport zeigen, kann der Einzelne, auch wenn er sich selbst immer der Nächste ist, doch nur dank der Gruppe seine Ziele erreichen. Gegenüber dem übrigen Peloton, gegenüber Veranstaltern oder den Kommissären als schiedsrichterlicher Instanz ist die Stimme eines oder einiger weniger Fahrer nicht hörbar. Eine unvorbereitete und unkoordinierte Attacke ist quasi zum Scheitern verurteilt. Ein Streik hat erst dann eine Wirkung, wenn er überwiegend befolgt wird, so dass diejenigen, die gegen ihn sind, in eine Position der Schwäche geraten, was ihnen keine andere Wahl lässt, als sich ihren Willen vorschreiben zu lassen.

Schon aus Prinzip versucht ein Athlet, im Wettbewerb zu glänzen. Er will gewinnen. In dieser Hinsicht ist er fundamental egoistisch. Nur wird er niemals allein gewinnen können, *a fortiori* nicht in einer Disziplin wie dem Straßenradsport, bei der sich am Start großer Rennen fast zweihundert Konkurrenten wiederfinden und die Gesetze des Windschattens und der Aerodynamik von entscheidendem Einfluss sind. Ein Fahrer, der mitten im Peloton fährt, kann bis zu siebzig Prozent weniger Energie benötigen als ein einsamer Ausreißer. Schnell versteht man, weshalb es Letzterem unmöglich ist, einer organisierten Verfolgergruppe über eine gesamte Etappe standzuhalten.

Radrennfahrer müssen versuchen, untereinander zu kooperieren, was auch die Aufteilung in Mannschaften erklärt, und im Rennen selbst müssen sie dann mit Gegnern bei gemeinsamer Interessenlage vorübergehende Allianzen schmieden. Nie hätte ich mein heutiges Palmarès erreicht, wenn ich nicht auf die Unterstützung meiner Mannschaftskameraden hätte zählen können. Kein einziges Rennen hätte ich gewonnen, wenn ich mir nicht die Arbeit meiner Gegner zunutze gemacht hätte. 2019 habe ich bei der Sizilien-Rundfahrt den Etappensieg auf dem Ätna geholt, obwohl ich an diesem Tag vielleicht nicht der Stärkste war. Aber ich hatte Helfer an meiner Seite, meine Teamkollegen hatten mich die gesamte Etappe über ideal beschützt, sie verschärften das Rennen im richtigen Moment, und während eines Teils des Schlussanstiegs war ich geistesgegenwärtig genug, meine Kräfte zu schonen, indem ich am Hinterrad des Gesamtführenden blieb, der nur an die Verteidigung seines Leadertrikots dachte. Darum attackierte ich erst auf den letzten hundert Metern und sicherte mir den Etappensieg.

Auch wenn das Endziel eines Sportlers der erste Platz ist, ist seine Fähigkeit, sich in ein Peloton einzufügen, das sich aus Teamkollegen und Gegnern zusammensetzt, die ihn zu den ersehnten Gipfeln führen werden, nicht minder wichtig. Das war der Gedanke, den ich begriffen und an diesem Tag mustergültig umgesetzt hatte.

In unserer Gesellschaft geht es im Großen und Ganzen nicht anders zu. Es ist zwecklos, persönlichen Ehrgeiz und die Notwendigkeit zur Kooperation gegeneinander auszuspielen. Doch scheint die Verbindung von beidem heutzutage problematisch. Das Individuum stellt man auf ein Podest und erschafft zugleich eine Welt aus Netzwerken, in die jeder sich geräuschlos einzupassen hat; man verherrlicht das Kollektiv und gestattet jedem darin sein privates kleines Vergnügen. Das ist ein Widerspruch in sich: Man kann einer Person nicht gleichzeitig das Recht auf Selbstverwirklichung zugestehen und die Verschmelzung mit einem System verlangen, das ihr dieses Recht verweigert.

Leben und Sicherheit waren nie die höchsten Güter. Das hat sich mit der Zeit geändert, seit die Vernunft die Geschichte regiert und das Diktat von Kontrolle und Beherrschung den Instinkt ersetzt. Wenn sich der Sport in unserer heutigen Zeit entwickelt hat, dann deshalb, weil er eine letzte Rettungsinsel der Animalität ist, der letzte Atemzug in einer robotisierten Welt, in der der Körper und sein unkontrollierter Wahnsinn gemeinhin von der Effizienz der Algorithmen erstickt werden.

Um den unfruchtbaren Gegensatz zwischen Egoismus und Altruismus aufzuheben, muss man sich entschlossen vom Feld der Biologie entfernen. Und genau dies erlaubt der Sport: Im Wettkampf ist es nicht das Überleben, das man anstrebt, es geht nicht darum, das Spiel ohne Risiko zu Ende zu bringen – nein, hier ist allein das Streben nach Macht und Leistung der Antrieb.

Der Siegeshunger ist ein Hunger nach Bestätigung. Man will Erster werden, um sich zu beweisen, und das ist nur in Gemeinschaft mit anderen möglich.

Mitte der Etappe: Das Peloton kontrolliert

»Die Gesellschaft ist ebenso unausweichlich wie der Tod.«

Han Ryner[1]

Wenn das Individuum auch an erster Stelle steht, so existiert es doch nicht ohne die Struktur, aus der es sich nicht herauslösen kann. So unerträglich und absurd das Leben in Gemeinschaft auch sein mag, so undenkbar ist die Vorstellung, von ihr abgeschnitten zu sein.

Manchmal, wenn ich nach einem Rennen enttäuscht bin, träume ich von einem Radsport ohne Mannschaftsstrategie, von einem reinen Individualsport, der ganz ohne Teamtaktik auskommt. Auch träume ich mitunter von einem Radsport ohne Peloton, bei dem die Konkurrenten virtuelle, komplett rationale Objekte mit absolut berechen- und vorhersehbarem Verhalten wären. Wie viel klarer wäre dann alles!

Jeder Radrennfahrer hat sich schon einmal gesagt, wie idiotisch doch sein Milieu ist, dass die Rennen absolut keiner Logik folgen und es besser wäre, diesen Sport ganz auf sich allein gestellt auszuüben, statt eingebunden in Mannschaften, die einen

1. Han Ryner, *Petit Manuel individualiste*, 1905.

auspressen, und in ein System, das einen fertigmacht – alles Gefühle, die sicher auch viele Angestellte in Großunternehmen nachvollziehen können. Von der Dummheit unserer Mitmenschen genervt, erträumen wir uns die Flucht auf eine einsame Insel oder ein Leben allein in den Wäldern. Die Hölle, das sind natürlich die anderen.

Eine Eigenart des Radsports ist außerdem, dass wir uns über sehr lange Zeiträume in einer Gemeinschaft aufhalten müssen. Ich verbringe zum Beispiel zweihundert bis zweihundertfünfzig Tage im Jahr fern von zu Hause gemeinsam mit anderen, sei es bei Rennen, sei es in Trainingslagern oder bei repräsentativen Verpflichtungen. Ich schlafe öfter in Doppelzimmern von Hotels als daheim bei meiner Lebensgefährtin. Wenn die Tour de France näherrückt, werden die Ortswechsel nur noch hektischer. Da ist die ganze Vorbereitung, die das große Rennen verlangt, samt den Erkundungsfahrten zum Kennenlernen der Etappen, so dass ich fast drei Monate lang weder Verwandte noch mein Zuhause zu Gesicht bekomme. Ist es nicht seltsam, über einen derart langen Zeitraum in einem derart geschlossenen Milieu und einer überwiegend männlichen Welt zu leben?[1]

Auch wenn der Zusammenhalt unter Radprofis im Allgemeinen gut ist, kann dieses Leben, bei dem man immer in eine Gruppe integriert ist, ohne jemals wirklich »*off*« gehen zu können

1. In Zeiten von Covid-19 hat sich dieses Phänomen nur noch verstärkt. Es gab die Vorgabe, uns rund um die Veranstaltungen in »Blasen« zu bewegen, um die Ansteckungsgefahr zu verringern. Die Reisen zwischen den Rennen wurden eingeschränkt. Familienbesuch während einer Grand Tour, der bis dahin an Ruhetagen toleriert war, wurde aus Vorsichtsgründen verboten, was die paradoxe Isolation der Fahrer weiter verschärft hat.

und kaum Zeit für sich hat (Einzelzimmer sind bei uns sehr selten), beklemmend sein. Untereinander oder mit den Betreuern kann es zu Spannungen kommen. In solchen Situationen, wenn das Gefühl zu ersticken zur Implosion zu führen droht, ist die Versuchung groß, alle Missstände auf Kollegen zurückzuführen, die wir uns nicht ausgesucht haben, oder einfach alles hinzuschmeißen, das Peloton von heute auf morgen zu verlassen, um ein wenig Normalität wiederzufinden.

Dann folgt die Zeit des Nachdenkens, in der man sich fragt, was die Welt wohl ohne die anderen wäre, ob das Leben ohne Teamkollegen und Gegner nicht traurig wäre. Fakt ist, dass so etwas wie »Normalität« schlichtweg unmöglich ist, wenn man allein wäre. Wir brauchen immer jemanden, der »die Norm aufstellt«, jemanden, mit dem wir uns vergleichen und messen können. Unsere Mannschaft, das Unternehmen, für das wir arbeiten, die Gesellschaft oder das Peloton mögen durchaus hassenswert sein - doch ohne sie würden wir einfach gar nicht existieren.

Lebendige Wesen existieren zwar einzeln für sich, stehen aber dennoch, so isoliert sie auch sein mögen, immer in Interaktion, in Beziehung zueinander. Egal, wie groß der Wunsch nach Rückzug ist oder wie sehr wir uns der äußeren Welt verweigern wollen: Angesichts der Notwendigkeit, Verbindungen herzustellen, verblassen diese Gründe.

Die Biologie zeigt unwiderlegbar, wie unverzichtbar Gemeinschaft für das Leben ist. Die Fortpflanzungsorgane der Tiere, aber auch von Pflanzen sind ohne Andersartigkeit kaum vorstellbar, ob diese nun auf der direkten Beziehung zwischen Weibchen und Männchen beruht oder in einem Netzwerk besteht, wie bei ausschwärmenden Bienen, die den Pollen von einer Pflanze zur anderen tragen und so zur Bestäubung beitragen. Überall haben sich zwischen den Individuen einer Art oder komplementären Arten Interdependenzen entwickelt. Das Beispiel des Ameisenhaufens ist sicher eines der bekanntesten. In dieser streng hierarchischen Gesellschaft existiert das einzelne Exemplar fort, aber seine Entwicklung wird nur über die Integration in ein System möglich, das ihm in gewisser Weise Vorteile verschafft.

Menschen bilden keine Ausnahme von dieser Regel der Natur, die den viel beschworenen Übergang zum Leben in Gesellschaft erzwingt. Dieser Formulierung mangelt es in Wahrheit jedoch an Präzision: Von einem Übergang kann eigentlich nicht die Rede sein, das Leben in Gemeinschaft ist vielmehr eine Notwendigkeit, seit es den Menschen gibt. Oft sind die Theoretiker des Gesellschaftsvertrags aus dem 17. und 18. Jahrhundert falsch interpretiert worden, vor allem aber der sogenannte »Naturzustand«, auf den sie sich bezogen. Besonders Rousseaus Werk wird häufig als Sehnsucht nach einem nostalgisch verklärten Eden dargestellt, das in einem archaischen Zeitalter entstand, als alle Menschen in Harmonie lebten. Doch der französische Philosoph behauptet niemals, diese Welt habe irgendwo konkret existiert. Er macht in Wahrheit ein Gedankenexperiment, das den Zweck hat, die Mängel unserer modernen menschlichen Gesellschaften zu verdeutlichen, d. h. unseres Gemeinwesens, also des organisierten Staats. Dieser wird laut Rousseau vom berühmten spekulativen Gesellschaftsvertrag begründet, dem wir nicht anders als zustimmen können, so unumgänglich bildet er den impliziten Hintergrund unserer eigenen Existenz.[1]

---

1. Jean-Jacques Rousseau, *Vom Gesellschaftsvertrag*, 1762.

Es gab nie eine Tour de France ohne Peloton. Auch in der heroischen Ära des Radsports, Anfang des 20. Jahrhunderts, als die Etappen noch länger als dreihundert Kilometer waren und die Abstände zwischen den Fahrern in Viertelstunden gemessen wurden, war das Rennen eine kollektive Veranstaltung, die alle Beteiligten – Athleten, Zuschauer, Journalisten und Organisatoren – um eine gemeinsame Leidenschaft herum vereinte. Der berühmte Artikel von Albert Londres über die »Strafgefangenen der Landstraße« nach der Aufgabe der Brüder Pélissier bei der Tour de France 1924 bezeugt das. Am 27. Juni, während der Etappe von Cherbourg nach Brest, hört der Exklusivreporter des *Petit-Parisien*, wie ein Gerücht unter den Zuschauern die Runde macht: Der Vorjahressieger Henri Pélissier und sein Bruder Francis sowie ein gewisser Maurice Ville sollen unterwegs aufgegeben haben. Vom absurden Regelwerk entnervt und verschlissen vom Jahr für Jahr härteren Kreuzweg, den sich die Rennveranstalter ausdenken, sind die drei Männer in Coutances ausgestiegen. Im Café de la Gare erholen sie sich bei einer heißen Schokolade, umringt von einer Horde Gaffern, die sich das Ereignis nicht entgehen lassen. Der hastig herbeigeeilte Albert Londres bahnt sich einen Weg durch die Menge, um eines jener Interviews zu führen, die den Mythos der Tour der France begründen. In wenigen Augenblicken kommt ein ganzes Ökosystem ans Licht: Fahrer, Zuschauer, Veranstalter – jeder hat seine eigene Sicht auf das Ereignis, zwischen Kameradschaftsgeist, Glorifizierung des modernen Abenteuers und institutioneller Unnachgiebigkeit. Auch wenn ihre Standpunkte manchmal gegensätzlich wirken, ist unverkennbar, dass sie sich doch alle um eine gemeinsame Odyssee drehen, um dieses große gesellschaftliche Ereignis namens Tour.

»Man gewöhnt sich an alles. Sie brauchen nur der Tour de France zu folgen, damit der Wahnsinn Ihnen als Naturzustand erscheint«, schrieb Albert Londres, der zweifellos seinen Rousseau gelesen hatte. Der französische Philosoph hatte seinerzeit zum Abschluss eines neuen Gesellschaftsvertrags aufgerufen, der unsere grundlegenden Instinkte weniger missachtet und sie nicht von einer Verfassung verbiegen lässt, die zwangsläufig in einen Zustand der Zwietracht münden muss. Was wäre, wenn das sportliche Großereignis, das die Franzosen mitunter auch das »Hochamt im Juli« nennen, diese Bestrebungen in die heutige Zeit übersetzen und neu beleben wollte? Vermutlich müssten wir uns einen »neuen Sportvertrag« vorstellen, in dem Urteile und Entscheidungen weniger von oben herab verkündet und durchgesetzt werden und Athleten ihren Gemeinsinn walten lassen, damit sie wieder Herr ihres eigenen Geschicks werden können.

Für Rousseau sind Menschen spontan zur Verständigung bereit, wäre da nicht die Gesellschaft, die sie pervertiert. Heute sind viele von uns über die Auswüchse unserer Welt erschüttert und rufen dazu auf, einer nachhaltigen Lebensweise zu folgen. Was den Sport betrifft, ist festzustellen, dass Geld, Fanatismus und Betrug übermäßig verbreitet sind, was seinem ursprünglichen Geist zuwiderläuft. Es geht also darum, unsere Art des Zusammenlebens neu zu denken, ohne es uns deswegen zu verwehren, eine Gesellschaft zu formen – denn das wäre unmöglich.

In diesem Punkt liegen die Dinge bei Hobbes noch klarer, weil er im Gegensatz zu Rousseau – und dazu noch vor ihm – postuliert, dass Menschen im »Naturzustand« als isolierte Individuen zu allem bereit sind, um ihr wichtigstes Ziel zu sichern: das Überleben. Der englische Philosoph betrachtet die Zwietracht als den ursprünglichen Zustand, der bürgerliche Staat dagegen erfülle eben die Aufgabe, Friede und Sicherheit unter den Bürgern zu garantieren, die sich bewusst einer starken und gewaltfähigen Macht unterwerfen, weil diese ihnen im Gegenzug Schutz zusichert. Obwohl das Individuum an erster Stelle steht – oder vielmehr *weil* das Individuum an erster Stelle steht –, wird das Leben in Gemeinschaft zur Notwendigkeit, damit eine Form der Befriedung hergestellt werden kann, die den Krieg aller gegen alle abwendet, der aus der ursprünglichen Isoliertheit des Einzelnen resultiert.[1]

Auch dazu findet sich im Radrennsport eine starke Entsprechung. Denken wir uns ein Rennen, in dem jeder Fahrer nach eigenem Gutdünken agieren kann, ohne Rücksicht auf mannschaftliche Belange nehmen zu müssen. Was wäre die Folge? Eine Reihe unkoordinierter und recht wirkungsloser Attacken, ein reines Kräftemessen, das alsbald repetitiven Charakter hätte, und vermutlich auch mehr Stürze, weil alle Beteiligten ständig mit vollem Einsatz fahren müssten. Vor allem lastet auf allen Fahrern ein permanenter Versagensdruck, da sie sich nicht auf Mannschaftskollegen verlassen könnten, um auch nur einen Moment zu entspannen. Es wäre permanente Wachsamkeit erforderlich, um nicht zu stürzen oder Gefahr zu laufen, die entscheidende Attacke zu verpassen. Eine auf Dauer unerträgliche Situation, die automatisch dazu führen würde, dass sich Fahrer zusammenschließen, weil dies die Erfolgsaussichten maximiert und die Risiken verringert.

---

1. Der Begriff »Naturzustand« ist allerdings mit Vorsicht zu verwenden, weil Hobbes diesem ebenso wenig wie Rousseau eine anthropologische Realität beimaß. Siehe dazu insbesondere: Thomas Hobbes, *Leviathan*, 1651.

Die Brüder Pélissier ärgerte, dass die vollauf mit der Schaffung ihrer neuen heroischen Mythologie beschäftigten Organisatoren der Tour de France in ihrer Herzlosigkeit nicht mehr die übermenschliche Herausforderung wahrnahmen, die das Rennen für seine Teilnehmer darstellte. Sie beklagten sich zum Beispiel, dass ihnen verboten wurde, bei Kälte zwei Trikots übereinander anzuziehen oder Kleidung unterwegs abzulegen, wenn es heiß war. Sie erklärten, dass sie mit »Dynamit« fahren würden und nur dank »Salben« und »Pillen« durchhalten könnten. Andererseits stellten sie weder das Rennen noch die Notwendigkeit von Kommissären in Frage. Im Folgejahr nahmen sie übrigens wieder an der Tour teil. Radsport war ihr Broterwerb. Sie wussten nur zu gut, dass ihre Tätigkeit ohne eine Organisation, die dieser einen Wert verlieh, bedeutungslos wäre.

Wir sehen es bei Hobbes und Rousseau, doch auch an dem, was der Sport uns lehrt: Das Individuum als solches kann nicht ohne eine verlässliche und sichere Beziehung zu seinesgleichen gedeihen. Die Gesellschaft ist eine Voraussetzung, an die wir Menschen intrinsisch gebunden sind und der wir uns vernünftigerweise nicht entledigen können. Die Natur als reine, unberührte, vergessene Instanz, mit der wir in direkter Verbindung zwischen uns selbst und dem Kosmos wieder eins werden sollten, existiert ganz einfach nicht.

Die Menschheit hat in ihrer Geschichte einige Versuche radikaler und extremer Entsozialisierung gekannt – etwa durch die Eremiten, die, mit dem Wunsch, zu den Ursprüngen zurückzukehren und eine verlorene Natürlichkeit wiederzuentdecken, ein Leben in jahrelanger, manchmal bis zu ihrem Tode währender Einsamkeit wählten. Aber dieses Vorgehen ist ein Trugschluss, den man sich selbst vorgaukelt. Sich von der Welt lossagen zu wollen, heißt bereits, anzuerkennen, dass es eine Welt gibt. Sich von der Gesellschaft abzuschotten, bedeutet paradoxerweise weiterhin, sich in sie einzugliedern – was darauf hinausläuft, dass wir *von Natur aus* letztlich Gefangene der Gruppe sind, Gefangene unserer Kultur.

Eine einsame Insel ist ein Ort der Entmenschlichung; ein Radrennen ohne Peloton hat keine Daseinsberechtigung: Der Traum zerbricht im gleichen Augenblick wie sein Rahmen. Sobald es keine Spielregeln mehr gibt, und seien sie auch unlogisch und willkürlich, ist das Spiel aus.

*

Wir befinden uns auf der 19. Etappe der Tour de France. Tags zuvor bin ich weit abgeschlagen angekommen – weil ich erschöpft bin, weil dies meine erste Tour ist und weil mein Körper es nicht gewohnt ist, so lange auf seine Reserven zurückgreifen zu müssen. Im Ziel war ich völlig ausgelaugt, aber auch frustriert. Also greife ich heute an, sobald die Startfahne sich senkt, mit Kräften, die ich eigentlich nicht mehr besitze. Und das auch noch völlig idiotisch auf einem Flachstück. Oh, ich träume nicht von Einsamkeit, das Peloton ist mir nicht zuwider. Ich bin mir durchaus bewusst, dass es mein Daseinsgrund als Radrennfahrer ist. Aber ich kann sein Tempo nicht länger ertragen, dieses unangenehme Tempo, das immer ein wenig zu schnell für mich ist. Ich will nun meinerseits den Takt vorgeben, lieber Hammer sein als Nagel.

Ein Radsportler hat nur einen Wunsch: dem Peloton zu entkommen. Aber wenn er das zu früh oder allein tut, wird die

Gruppe ihn schnell wieder eingeholt haben. Der Kampf ist verloren. Das *individuelle Interesse* besteht also darin, aus dem Leben in Gemeinschaft einen Vorteil zu ziehen, es sich anzueignen und sich in der Masse aufzulösen, um ihre Kraft zum eigenen Vorteil arbeiten zu lassen. Um das Peloton zu besiegen, muss man ein Teil davon werden, seine Bewegungen verstehen und sie in die eigene Richtung umlenken.

Mit dreiundzwanzig Jahren hatte ich noch nicht den nötigen Abstand, solche Weisheiten anzuwenden. Vergeblich kämpfte ich mich mit ein paar Längen Vorsprung vor dem Hauptfeld ab, bis der Wind und eine falsche Ebene mich wieder zur Vernunft brachten – das heißt: zurück ins Peloton. Ich machte die Erfahrung einer sogenannten »Bumerang-Attacke«, bei der ich ebenso schnell eingeholt wurde, wie ich ausgerissen war. Schnell wurde ich ganz ans Ende des Feldes durchgereicht und machte einige grässliche Minuten durch, während ich versuchte, mich von meiner sinnlosen Aktion zu erholen. Der Entstehung der erfolgreichen Ausreißergruppe konnte ich dann nur hilflos hinterherschauen. Natürlich hätte ich geduldig abwarten müssen. Ich hätte mir ein paar routinierte Fahrer suchen sollen und deren Windschatten nutzen, ich hätte abwarten sollen, bis eine Gruppe von Format sich löst, um dann im rechten Moment ans Hinterrad zu springen.

Die Menschheitsgeschichte zeigt, dass Revolutionen nie die Angelegenheit eines Einzelnen sind, der gegen die Gesellschaft, die ihn unterdrückt, aufbegehrt. Einzelrevolten sind lautlos, jämmerlich und lachhaft. Paradigmenwechsel sind Gemeinschaftserlebnisse, die man sogar beziffern kann: Je mehr Mitglieder eine Bewegung hinter sich versammelt oder zu versammeln scheint (der Schein ist in solchen Dingen ebenso wichtig wie die genaue Zahl), desto größer ist die Wahrscheinlichkeit, dass sie sich durchsetzt. Je größer die Fluchtgruppe ist, umso weiter kommt sie. Dagegen wird es sogar der beste Fahrer allein auf sich gestellt niemals mit einer gut organisierten Mannschaft aufnehmen können, auch wenn diese nur aus mittelmäßigen Radprofis besteht. Wenn eine »Windstaffel« aufgemacht wird – eine Gemeinschaftsaktion, die darin besteht, bei Seitenwind kollektiv das Tempo zu verschärfen, um die anderen Fahrer zu distanzieren – und das Manöver gut organisiert ist und zudem die topografischen und meteorologischen Bedingungen günstig sind, hat auch der stärkste Fahrer des Pelotons irgendwann keine Chance mehr, der Attacke standzuhalten. Allein gegen den Wind kämpfend wird er an Boden verlieren, während die Fahrer vorne in der Windstaffel ihre Kräfte zusammenspannen, um vorwärtszukommen. Vielleicht tritt er sogar die doppelte Wattzahl im Vergleich zu den Fahrern in der Spitzengruppe – aber diese werden im gegenseitigen Schutz unbeirrt dem Ziel entgegenstreben, während er sich im leeren Raum vergeblich die Lunge aus dem Leib keucht.

Warum gelingt es Ausreißern nur sehr selten, der Rückkehr des Pelotons zu widerstehen und sich den Siegeslorbeer zu holen? Weil sie gegenüber der großen Meute des Fahrerfeldes nur wenige sind. Warum sieht man auf Flachetappen immer Sprinter gewinnen? Weil sie den ganzen Tag lang von der Arbeit anderer profitieren, der Arbeit von Mannschaftskameraden und Konkurrenten gleichermaßen, und inmitten des Pelotons bleiben, bevor sie erst auf den letzten paar hundert Metern herausschießen und in Aktion treten.

Das große Feld gewinnt fast immer und je konsequenter es vorgeht, desto größer sind seine Erfolgschancen. Die Anthropologie lehrt uns im Übrigen, dass die dominierenden Gesellschaftsformen jene sind, die es verstanden haben, sowohl zahlenmäßig als auch in ihrem Organisationsgrad zu wachsen – vom Familienverband zur Horde über den Stamm und schließlich zum Stammesfürstentum oder Staat.

Es geschieht also eben durch das Kollektiv, dass sich der Einzelne entfalten kann. Aber wie? Genau das ist die Essenz des Radsports, der als Kunst, äußere Kräfte zum eigenen Vorteil zu nutzen, exemplarisch für das steht, was sich in der Gesellschaft insgesamt beobachten lässt.

*

Strebt ein Mensch nach mehr Möglichkeiten, mehr Reichtümern oder einfach mehr Gewicht in der Welt (allesamt Formen von Machtzuwachs, die der Mensch im Lauf seiner Geschichte immer wieder angestrebt hat), so muss er Verbindungen suchen. Er muss die Gesellschaft von anderen suchen und zwar so vielen wie möglich.

Wie kommt es, dass sich die Menschheit nicht zu einem lockeren Verbund mikrozellulärer Einheiten entwickelt hat? Warum sind wir nicht im Stadium der Familie geblieben? Schließlich gewährleistet doch auch bereits diese Organisationsform das wesentliche Bedürfnis unseres biologischen Lebens: Reproduktion. Gewiss ist vor der Reproduktion noch das eigene Überleben zu sichern. Doch kleine Menschengruppen in einer geeigneten Umgebung, die gut mit Waffen und Nahrungsmitteln versorgt sind, könnten dieses zweite Bedürfnis durchaus erfüllen. Einige Tierarten überleben sehr gut auf diese Weise. Was aber treibt uns Menschen dazu, unsere Verbindungen stets zu erweitern? Es ist eben dieser Wunsch nach mehr; das, was Nietzsche den Willen zur Macht nennt. In den meisten Fällen lässt sich dieser Individualtrieb nur in einem Kollektiv verwirklichen. Daher rührt das unersättliche Verlangen nach Versammlungen, Mehrheitsbildung und Anschluss an eine Gemeinschaft – alles aus *Eigen*sinn.

Die Masse besitzt eine Anziehungskraft, die mit ihrer Größe wächst. In diesem Rennen um die größte und bestorganisierte Gruppe ist irgendwann ein Punkt erreicht, an dem ein Schwellenwert-Effekt eintritt: Eine Gemeinschaft besitzt nun eine ausreichende Größe, um als hegemonial zu gelten. Von da an werden alle, die bis dahin noch zwischen verschiedenen konkurrierenden Gruppen geschwankt haben, automatisch zur Ersteren hingezogen werden und auf diese Weise deren Macht weiter stärken und die Größe der übrigen Gruppen verringern. Ähnlich wie im japanischen Go-Spiel, bei dem eine bestimmte Anzahl an Steinen einer Farbe ausgebreitet werden muss, damit sich die Spielsteine des Gegners automatisch umdrehen, schließen sich die Menschen auf einmal denjenigen an, die sie für dominant halten – und verhelfen ihnen so *de facto* zur Macht.

Politik beruht auf dem gleichen Phänomen. Mehrere Splitterparteien kämpfen um Stimmen, und die Partei, die einen Vorsprung erhält, und sei dieser noch so gering, beginnt plötzlich, alle Stimmen auf sich zu ziehen. Genauso lässt sich in kleinerem Maßstab die Verbreitung von Gerüchten beobachten: Sie müssen nur von einer gewissen Zahl an Personen gestreut werden, um sich epidemisch auszubreiten, bis sie plötzlich von niemandem mehr ignoriert, geschweige denn infrage gestellt werden können. Im Alltag einer Gruppe, ob es sich nun um Radsportler handelt oder nicht, macht man diese Erfahrung häufiger. Sobald sich innerhalb eines Radrennteams einige Fahrer über die Qualität des Materials beschweren, über die Steifigkeit des Rahmens beispielsweise, wird das Rad plötzlich von allen in der Mannschaft als zu weich oder zu schwer etc. empfunden.

Warum finden sich die besten Fahrer der Welt in nur zwei, drei Mannschaften zusammen und setzen sich einer starken internen Konkurrenz aus, wo sie doch Könige in einem Außenseiter-Team sein könnten? Die Bedeutung des Geldes erklärt nicht alles. Die Attraktivität der Macht ist entscheidend: Man sucht die Gemeinschaft der Besten und der Gewinner; dem liegt der psychologische Mechanismus zugrunde, nach dem eine Häufung von Talenten allen Beteiligten zugutekommt – so als würde sich Qualität innerhalb einer Gruppe gegenseitig potenzieren.

Und doch bleibt eine Tatsache bestehen: Auch eine Gruppe der Besten befindet sich immer in der Minderheit gegenüber der Gesamtheit der Konkurrenten. Die Hegemonie existiert nur auf dem Papier. Aber Papier konstruiert die Realität. Sehr bald verankern sich Glaubensformeln in der realen Welt; der Schein verwandelt sich in Wirklichkeit. Eine Doktrin, die man anfangs ignoriert hat, anschließend mit Verachtung strafte, bevor man sie bekämpfte, um sich ihr dann aus Opportunismus anzuschließen, wird *in fine* zu unserer zweiten Natur, zum Rahmen, den wir nicht einmal mehr infrage stellen – so wie demokratische Ordnung, die wir uns buchstäblich einverleibt haben.

Obwohl man meinen könnte, die Vereinigung der Besten müsse in einer Mannschaft zu Zwietracht führen, beobachtet man mit Erstaunen, dass die Chemie stimmt: Die Erfolge häufen sich, die Gegner sind entmutigt, geben sogar jeden Gedanken an Widerstand auf. Und intern wird nicht einmal mehr in Betracht gezogen, dass es möglich sein könnte, eigene Wege zu gehen.

Die Gruppe ist mächtig und ihre Macht wächst exponentiell. Sie ist selbstverstärkend. Das Monster wächst allmählich heran, und plötzlich ist es groß genug, um sich zu verwandeln und überallhin auszubreiten, ohne dass irgendjemand dem noch Widerstand leisten könnte.

In der übersättigten Wirtschaft des 21. Jahrhunderts versuchen Unternehmen, sich voneinander abzugrenzen, suchen nach innovativen Nischen, in denen sie sich einrichten. In diesem Stadium sind sie alles andere als unverzichtbar. Sie sind noch recht fragil und erzielen nur selten Gewinne. Das ist auch nicht ihr Ziel. Das Ziel eines Start-ups besteht nicht darin, Geld zu verdienen; es geht nur um Wachstum und den Beweis der eigenen Notwendigkeit. Später wird immer noch genug Zeit bleiben, von der eigenen Dominanz zu profitieren, nachdem das Wachstum ein solches Niveau erreicht hat, dass dem Unternehmen genug Ressourcen zur Verfügung stehen, um in den Augen der Gesellschaft als unverzichtbar zu gelten und die Konkurrenz zum Schweigen zu bringen. Von da an ist die Wette gewonnen: Das Renommee des Unternehmens wächst, alle schließen sich ihm an – Einzelpersonen, die sich die Vorteile nicht entgehen lassen wollen, kleinere Unternehmen, die sich freiwillig oder gezwungenermaßen unter den Schirm des Größeren flüchten. Dann kann nichts mehr die Ausbreitung des Sauriers stoppen, das Wachstum eines Riesenkonzerns, der sich im Endstadium in seiner Größe mit Staaten messen kann und der Welt seine Regeln aufnötigt. Angesichts einer solchen Macht kann das Individuum nur mit dem Strom schwimmen. Ein Aufstand ist nicht einmal denkbar: Die dissonante Stimme ist unhörbar, wenn alle Hörner in einem Ton erschallen, der keine Gegenstimme duldet. Die Gravitationskraft der Überzahl ist zu groß.

Trotzdem werden alle dominanten Organisationen, seien es Unternehmen oder Radsportteams, nach einer gewissen Zeitspanne entthront. Wie ist das zu erklären, wenn sich die Kleinen doch systematisch dem Stärkeren anschließen, wenn doch die Herrschenden strukturell in ihrer Macht gestärkt werden und der rebellierende Mensch unhörbar ist? Meistens können Menschen sich nicht einmal vorstellen, wie es möglich wäre, sich gegen ein bestehendes System aufzulehnen, und finden es völlig in Ordnung, sich wohlgeborgen in ihrer kleinen Ecke im Schatten einer absoluten Macht einzurichten, mit der sie sich völlig identifizieren. Dennoch tauchen in gewissen Momenten der Geschichte außergewöhnliche Individuen auf, die von einem ganz besonderen Drang nach Selbstverwirklichung beseelt sind. Alle Menschen streben nach Macht, doch nur die wenigsten wollen eine originäre Macht, die ausschließlich ihre eigene ist. Sie erheben sich aus ihrer lächerlichen Individualität und stellen sich der mächtigen Gruppe entgegen, wie David gegen Goliath. Der Saurier könnte sie ohne jede Mühe zerquetschen, doch er ist so riesig, dass er sie nicht einmal bemerkt. Die Opponenten nutzen darum ihre relative Unsichtbarkeit, schließen sich mit Gesinnungsgenossen zusammen und bilden allmählich eine konkurrierende Gruppe. In der überwiegenden Zahl der Fälle wird diese im Keim erstickt, sobald die dominierende Organisation bemerkt, dass man sie herausfordert. Aber es gibt diese wunderlichen Ausnahmen, bei denen es einer Opposition gelingt, groß genug zu werden, um als glaubwürdig, stark und legitim zu gelten – und sogleich fängt sie auf magische Weise an, alle verbliebenen vereinzelten Individuen auf ihre Seite zu ziehen, aber auch eine beträchtliche Zahl aus der dominierenden Gruppe, die, von ihrer Machtvollkommenheit eingeschläfert, die Auflösungserscheinungen nicht einmal bemerkt hat.

Aus einer häretischen Sekte wird eine anerkannte Religion, die den orthodoxen Glauben von den Rändern erobert. Aus einem unbekannten Start-up entsteht ein Weltkonzern, der nicht mehr wegzudenken ist und seine Vorläufer veraltet erscheinen lässt. Der kleine Clan verwandelt sich in eine organisierte Nation und diktiert seinerseits denen, die vorher die alte Welt beherrschten, seine neuen Gesetze und Ansichten. Das kleine Radteam unter Führung eines mitreißenden Kapitäns schließlich verstärkt sich mit vielversprechenden Fahrern, erfindet seinen Sport neu und konkurriert plötzlich mit der Formation, die seit Jahren das Peloton beherrschte und sich zu sehr auf dem Lorbeer allzu leichter Siege ausgeruht hatte.

*

Die Gesellschaft ist eine Summe makrokosmischer Zerfalls- und Aufbauprozesse, in deren Mitte der Einzelne sich bewegt, so gut er kann, um seine Macht zu vergrößern. Radrennfahrer, zumindest die schlauesten unter ihnen, versuchen, die Kräfte des Pelotons zu ihrem Vorteil zu nutzen. Sie »rollen mit«, »klemmen sich hinten dran«, »verstecken sich« im Herzen des Pelotons und »lancieren« dann ihre »Attacke«, um den Lorbeer zu ernten. Mit diesem Verhalten, das man als egoistisch bezeichnen könnte, nutzen Radprofis das Peloton nicht nur aus; gleichzeitig tragen sie, oft unbewusst, zu dessen Bildung bei – genau wie der Bürger mit seinen Konsumentscheidungen, seinem Sozialverhalten, seinen Lebensplänen dazu beiträgt, die Welt zu schaffen, die er bewohnt.

Deshalb ist die Frage nach der Verbindung zwischen dem Einzelnen und dem Kollektiv zentral. Mich als Kapitän meiner Mannschaft interessiert sie von einem Standpunkt aus, den man mit dem eines Managers vergleichen könnte: Soll der Anführer seine Ausnahmestellung betonen und autoritär Kommandos geben oder sollte er sich lieber etwas zurücknehmen und der Mannschaft ihre Freiheiten lassen?

Auf makroökonomischer Ebene stellen sich die Elemente der Gleichung in ähnlicher Weise dar: Sollte man Individuen frei ihren Interessen folgen lassen und darauf bauen, dass sich daraus das Allgemeinwohl ergibt? Oder sollte im Gegenteil der Staat die Marktteilnehmer überwachen und steuern? Diese Alternative hat von jeher die Wirtschaftswissenschaften und politische Denker beschäftigt und bildet den klassischen Gegensatz zwischen Liberalen und Anhängern von Formen des Protektionismus.

Erstere gehen von der Annahme aus, dass die Verfolgung individueller Interessen zwangsläufig zum Gemeinwohl für alle führe, mit dem Grundgedanken, dass aus Konsum Wachstum entsteht, der am Ende allen zugutekommt. Adam Smith ist einer der bekanntesten Vertreter dieser Denkrichtung. Man verdankt ihm das berühmte, wenn auch häufig missverstandene Bild der »unsichtbaren Hand«[1], das suggeriert, dass sich der Markt selbst reguliert, dass er sich ohne jegliches Eingreifen zum Fortschritt hin bewegt, als würde ein Hebel heimlich das gesamte System steuern und regeln. Jeder versucht, seinen eigenen Vorteil zu maximieren, und trägt damit, in einer Art List der Markwirtschaft, unbewusst weitaus besser zum Wohlstand der gesamten Gruppe bei, als hätte er bewusst dazu beitragen wollen.

Für den Einzelnen ist es aus dieser Perspektive unlogisch, Dritte in Überlegungen einzubeziehen, die sein Handeln bestimmen. Es genügt, sich nach seinen persönlichen Bedürfnissen zu richten. Das Resultat wird für die gesamte Gruppe zum Vorteil sein. Der persönliche Wunsch nach Reichtum wird jeden antreiben, dafür zu arbeiten, und so nimmt letztlich der Wohlstand einer ganzen Nation zu. Der affirmative Individualismus wäre demnach nichts anderes als eine ungeahnte Form des Altruismus.

Übertragen wir diesen Gedanken auf den Bereich des Radsports, bei dem wir annehmen dürfen, dass jeder Fahrer von einem starken Siegeswillen getrieben ist, sein Talent zur Geltung bringen möchte und jubelnd oben auf dem Podium stehen will. Was geschieht, wenn diesem Antrieb keine Grenzen gesetzt werden? Jeder Athlet wird alles für sich selbst geben, ohne an andere zu denken, und manchmal wird ihn das zum Sieg führen. Dabei werden dann auch sein Land, seine Mannschaft und seine Sponsoren triumphieren. Sein Ruhm strahlt auf alle ab, die ihn unterstützen, auch auf seine Mannschaft.

Einem Sieger verzeiht man alles. Ich habe Mannschaftskollegen gekannt, die den ganzen Tag am Ende des Pelotons herumlungerten und darauf warteten, am Ende die Kastanien aus dem Feuer

---

1. Dieser Ausdruck taucht im Werk von Smith nur dreimal auf, namentlich in seinem bekanntesten Buch, *Der Reichtum der Nationen*, 1776.

zu holen, während wir übrigen die »Drecksarbeit« machten. Sie hielten sich nicht an die Order, die wir vorher im Bus bei der Mannschaftsbesprechung bekommen hatten, und stellten sich allen Vorhaltungen gegenüber taub, die die sportlichen Leiter ihnen via Teamfunk machten. Sie fanden immer eine gute Ausrede, um sich nicht an der Gemeinschaftsarbeit zu beteiligen. Natürlich hätte ein solches Verhalten nach ein oder zwei Saisons zu einer Nichtverlängerung ihrer Verträge führen müssen. Stattdessen aber erfuhren sie im Allgemeinen eine Aufwertung und bekamen gewissermaßen die Rolle des »freien Elektrons« zugesprochen! Nun ja: Sie gewannen pro Saison zwei oder drei Rennen und bescherten der Mannschaft genau das, was sie am meisten brauchte. Solange am Ende ein Erfolg stand, war es unwichtig, wie er erreicht wurde. Solange der Zweck erfüllt wird, achtet man nicht so genau auf die Mittel.

Warum also persönlichen Ehrgeiz bremsen? »Sollen sie sich doch austoben«, werden einige Teammanager sagen, »lasst sie machen, lasst jeden Fahrer seinen eigenen Interessen folgen. Das schafft Nachahmer. Die Ballung vieler Talente auf engem Raum wird der gesamten Mannschaft zugutekommen.« Tatsächlich scheinen einige Mannschaften in den vergangenen Jahren nach diesem Modell funktioniert zu haben. Das Team Sky beispielsweise ist bei der Tour de France oft mit gleich mehreren anerkannten Kapitänen angetreten, deren Rollen in der Hierarchie sich nur hauchdünn unterschieden. Die Vorgeschichte der einzelnen Fahrer war unwichtig, das Einzige, was zählte, war die Leistung zum Zeitpunkt X. Die Nominierung für die Tour vollzog sich im letzten Augenblick anhand der Resultate der letzten Vorbereitungsrennen. Auf Bergetappen wurden zwei oder drei Fahrer geschützt – für den Fall, dass einer von ihnen Schwächen zeigen sollte.

Selbstverständlich gab es interne Rivalitäten – Herausforderer, die ihren Wert beweisen wollten, und bewährte Fahrer, die ihren Status verteidigten. Aus Sicht der Fahrer dürfte diese Form ständigen Drucks sicher nur schwer zu ertragen gewesen sein. Insgesamt jedoch war diese Strategie von Erfolg gekrönt: Dreimal stand das Team Sky im abschließenden Gesamtklassement der Tour mit zwei Fahrern auf dem Podium.

Politisch betrachtet, geht diese Denkschule von der Idee aus, dass die Welt, so wie sie ist, gut beschaffen sei und man sich hüten solle, in ihr komplexes Räderwerk einzugreifen. Diese Doktrin der Nichteinmischung setzt großes Vertrauen in den Einzelnen. Sie erkennt zwar selbstverständlich die Existenz der Gemeinschaft und die Notwendigkeit von Gruppenbildung an, ist aber der Ansicht, dass es keiner höheren, organisierenden Macht bedarf, die ihre Mitglieder beschützt und behütet. »Hilf dir selbst, so hilft dir Gott«…

Im Sport sollte man besser nicht »zu nett« sein. Einige Male habe ich den Fehler gemacht, nicht aggressiv genug zu sein, weil ich mehr an die Umsetzung der Mannschaftstaktik als an den Sieg dachte. Ich habe Rennen verloren, weil ich den bedingungslosen Ruf der Ziellinie nicht vernahm und mich zu sehr mit dem Peloton als Ganzes beschäftigte. In einem aufgewühlten Finale, wenn »die Ellenbogen ausgepackt werden« und sich reiben, kommt es vor, dass ich abbremse und lieber fünfzehn Plätze verliere, als die Gefahr eines Sturzes einzugehen. Andere kennen solche Hemmungen nicht. Oft sind das die Fahrer, die am Ende jubelnd die Arme in die Luft recken. Was sollte man ihnen auch vorwerfen?

Tatsächlich geht so etwas in den meisten Fällen unfallfrei über die Bühne: Das Peloton kommt sehr gut zurecht, ohne sich irgendwelche Gedanken um seine Selbstorganisation zu machen, und die Zuschauer bekommen ein spektakuläres Rennen zu sehen.

Das gleiche Resultat könnte vermutlich auch mit weniger groben Mitteln erzielt werden, also indem das Peloton, statt eine gänzlich ungezügelte Meute zu sein, Regeln befolgte, die in einem Verhaltenskodex festgelegt wären, an den sich alle aus moralischem Respekt oder Angst vor den Sanktionen einer übergeordneten Instanz (Videobeweise oder Ähnliches) hielten. Auch könnten sich die Mannschaftsleitungen statt für eine freie Konkurrenz innerhalb ihrer Teams ebenso für eine vorab exakt festgelegte Hierarchie entscheiden und so möglichen internen Rivalitäten zwischen den eigenen Fahrern vorbeugen. Die Teams könnten jedem Fahrer eine klar definierte Rolle zuteilen und dafür Sorge tragen, dass diese auch eingehalten wird. Die »freien Elektronen« wären verbannt, denn wenn sie Rennen gewinnen, dann nur, weil sie ungerechterweise von der Arbeit ihrer Teamkollegen profitieren – und so Zwietracht in der Mannschaft säen.

Im Widerspruch zur liberalen Doktrin, die das erfolgreiche Individuum in den Vordergrund rückt, wäre auch der gegensätzliche Standpunkt denkbar, der vom Gedanken des gemeinsam errungenen Siegs ausgeht und auf der Idee basiert, dass eine Mannschaft mehr wiegt als die einzelnen Persönlichkeiten, aus der sie sich zusammensetzt. Als Beispiel für diese Form des Managements könnte man im Radsport die belgische Mannschaft Quick-Step heranziehen, die mit genauso großem Erfolg wie das Team Sky operiert – allerdings mit dem Fokus auf Eintagesrennen, Klassiker und Etappensiege statt auf das Gesamtklassement großer Rundfahrten. Das gesamte Jahr hindurch zögern ihre »Stars« nicht, sich in den Dienst weniger exponierter Fahrer zu stellen, ganz einfach weil diese am Tag X in einer besseren Position für den Sieg sind oder weniger unter Beobachtung stehen. Im Allgemeinen besteht die Strategie von Quick-Step darin, eine Überzahl auszuspielen: Die Teamtaktik stützt sich auf einen oder zwei reine Helfer, die sich aufopfern und den Auftrag haben, den Rest der Mannschaft nach vorn zu bringen. Sobald die Überzahlsituation hergestellt ist, ist für die vier oder fünf Fahrer, die fürs Finale vorgesehen sind, der rote Teppich ausgerollt. Mit abwechselnden Attacken zermürben sie ihre Gegner und zwingen sie einen nach dem anderen zur Kapitulation.

Um den Erfolg eines solchen Ansatzes zu garantieren, ist die Rolle des Chefs von entscheidender Bedeutung, sei es als erfahrener Anführer auf dem Spielfeld (als »*Capitaine de route*«, wie es im Radsport heißt), als sportlicher Leiter im Mannschaftswagen oder als Teammanager: Er ist es, der den Geist des gemeinschaftlichen Erfolgs entfachen muss. Er wird den Arbeiter im Schatten aufwerten müssen, den Fahrer, den man nicht bemerkt, der aber unverzichtbar für das Kollektiv ist, und ihn mit dem, der die Ziellinie als Erster überquert, auf eine Stufe stellen.

Dieser Managementansatz kann als »protektionistisch« bezeichnet werden, denn er befürwortet das Eingreifen einer höheren Instanz, die jene Fehlentwicklungen und Missstände korrigiert, die im normalen Lauf der Dinge, wenn jeder blind dem Eigeninteresse folgt, eintreten würden. Genau wie ein protektionistischer Staat die Verantwortung für das Gemeinwohl übernimmt, indem er die individuellen Handlungen lenkt und die Schwächsten schützt, achtet ein protektionistischer Teamchef darauf, sich in das Mannschaftsleben einzubringen und dem Einzelnen die Einbettung in das Gefüge zu erleichtern.

*

Es geht hier nicht darum, eine Wertung über die »richtige« Führungsmethode vorzunehmen. Im Milieu des Radsports haben sich beide Strategien mal als erfolgreich, mal als verheerend erwiesen. Lässt man mehrere Siegfahrer innerhalb einer Mannschaft sich ohne klar umrissene Hierarchie gegenseitig zerfleischen, läuft man Gefahr, dass Gegner von diesem Dissens profitieren. Als bei der Weltmeisterschaft 2013 in Florenz in der spanischen Mannschaft die beiden designierten Kapitäne Valverde und Rodriguez vor allem damit beschäftigt waren, sich gegenseitig loszuwerden, profitierte davon der Portugiese Rui Costa und schnappte den Spaniern das Regenbogentrikot vor der Nase weg.

Andererseits können das grenzenlose Lob des Kollektivs und die zu enge Bindung an Taktikpläne auch Siege kosten. Im Radsport braucht es ein gewisses Maß Verrücktheit und Improvisation, es braucht die Fähigkeit, unmittelbar auf eine veränderte Situation zu reagieren – alles Dinge, die durch eine strikt vertikale Befehlskette erschwert würden. Der Teamfunk und die kleinen Hörer im Ohr der Fahrer sind manchmal machtlos. Es kann nicht alles im Vorhinein und aus der Distanz geregelt werden.

Auf staatlicher Ebene läuft eine protektionistische Regierung Gefahr, das ökonomische Wachstum ihres Landes zu bremsen, weil sie dessen Teilnahme am globalen Austausch behindert. Doch auch eine liberale Politik ist nicht ohne Probleme.

Was verstehen Liberale zum Beispiel unter dem Begriff »kollektives Wohl«? Ist es das Wohl der Mehrheit? Ist es das Wohl des Einzelnen? Im letzten Fall wäre es schwierig, die Annahme aufrechtzuerhalten, nach der individuelle Interessen notwendigerweise mit den Interessen der Allgemeinheit übereinstimmen.

Die Wünsche der Einzelnen können sich meist nur dann erfüllen, wenn sie sich gegen konkurrierende Interessen durchsetzen. Ein Rennen kennt nur einen einzigen Sieger. Und der Sieger bestimmt zugleich unausweichlich Verlierer, mithin Unglückliche. Zudem ist keiner so stark, dass er unbesiegbar wäre, weshalb auch niemand vor irgendeiner Form der Frustration gefeit ist, der Keimzelle aller Auswüchse.

Die kapitalistische Gesellschaft ähnelt einem Rennen, aus dem niemand als Sieger hervorgeht. Menschen, die reich werden wollen, arbeiten auf dieses Ziel hin. Sie suchen dafür nach der ertragsreichsten Option (oder jener mit dem höchsten Grad an Verantwortung, wenn ihr Ziel symbolischer Reichtum ist). Diese Posten sind selten und hart umkämpft. Sie zu erreichen, bedeutet, andere daran zu hindern. Nur die, die am besten vorbereitet sind, schon per Geburt dafür prädestiniert sind oder die beste Ausbildung genossen haben, werden die höchsten Schichten der Gesellschaft erreichen, nach denen die meisten Menschen streben. Einmal dort angekommen, leben sie jedoch in ständiger Angst, wieder verstoßen zu werden. Die Übrigen dagegen, die Verlierer der Marktwirtschaft, sind zu niederen, subalternen Tätigkeiten verdammt. Selbst wenn sie theoretisch *das Recht* haben, die wertvollsten Güter zu erwerben, werden sie de facto von diesen ausgeschlossen. Die Aussichtslosigkeit ihres Strebens nach ökonomischem Erfolg lässt manche auf Abwege geraten, und es wäre perfide, diese Verhaltensweisen als Teil eines großen Selbstregulierungsmechanismus zu betrachten, der von einer »unsichtbaren Hand« gelenkt wird.

Im Radsport ist diese Klippe bekannt. Sie nennt sich Betrug. Doping kann als Folge einer enthemmten Suche nach individuellem Wohl gesehen werden. Es ist die scheinbar einfache Lösung, sich der Logik derer anzuschließen, die vom System zuvor ausgeschlossen wurden, indem man gewissermaßen sagt: »Alles ist erlaubt.« Ganz generell ist ein solcher Gedanke natürlich unhaltbar: Wir brauchen immer andere, um zu leben und uns zu entwickeln; wenn aber jeder frei in der Wahl der Mittel wäre, mit denen er seine Ziele verfolgen darf, oder wenn der Wettbewerb ohne Regeln abliefe, besäßen die anderen in meinen Augen keinen Wert mehr – ja, überhaupt nichts besäße dann noch einen Wert, nicht einmal unsere konkurrierenden Bedürfnisse, nicht einmal meine eigene Person, die sich in einem Kampf ohne Grenzen verlöre.

Laisser-faire bedeutet, die Welt sich selbst zu überlassen, sich auf den Kampf ums Dasein und die natürliche Selektion zu beschränken – und sich für unfähig zu erklären, die Entwicklungen im Auge zu behalten und notfalls zu korrigieren. Laisser-faire bedeutet, sich zu weigern, *eine Gesellschaft zu bilden*, und stattdessen billigend in Kauf zu nehmen, dass es Menschen gibt, die ausgeschlossen werden. Es bedeutet letztlich, der Versuchung einer Abspaltung zu erliegen, die jedem die Menschlichkeit nimmt.

Genau wie es mehrere Stufen des Protektionismus gibt, gibt es auch mehrere Formen von Liberalismus. Nur wenige treten für die völlige Untätigkeit des Staates ein, geschweige denn für dessen Auflösung. Wie so oft ist es eine Frage des wie viel: In welchem

Maße soll ein Staat sich heraushalten oder eben eingreifen? Wenn man einmal erkannt hat, dass das Versprechen »Wohlstand für alle« ein Phantom der Marktwirtschaft ist, verlagert sich der Fokus oft Richtung Gemeinwohl. Man will einen Fortschritt der Gesellschaft insgesamt erreichen, der *in fine* auch den Schwächsten zugutekommt. Unter diesen Bedingungen ist den wenigen »*Happy Few*«, den Jahrgangsbesten, die rastlose Jagd nach individuellem Vorteil erlaubt, ja, sie werden sogar dazu ermutigt, weil ja die Führungsgruppe eines Pelotons als Lokomotive auch Passagiere der letzten Klasse mitzieht. Die Doktrin versteht sich so: Damit ein Staat beispielsweise Wohlstand verteilen kann, muss er reich sein, also von einer dynamischen Wirtschaft getragen werden, von erfolgreichen Großunternehmen, die Arbeitsplätze schaffen und deren Gewinne besteuert werden können.

Damit eine Mannschaft oben steht, braucht sie hervorragende Topfahrer, die Siege holen. Damit setzt sich eine Positivspirale in Gang: Sponsoren, die über größere Aufmerksamkeit glücklich sind, reichen sich die Klinke in die Hand. Die Helfer werden durch ihren Beitrag zu den Siegen ihrer Kapitäne aufgewertet, sei es in moralischer oder pekuniärer Hinsicht. Die Mannschaft prosperiert und kann ihren Betreuerstab ausbauen, neue große Talente anziehen, weitere Sponsoren und so weiter. Kurzum: Eins greift ins andere, es geht auf allen Ebenen voran.

Dieser Mechanismus scheint zu funktionieren. Doch abseits von Gerechtigkeitsproblemen, die dabei unweigerlich fortbestehen (selbst wenn es den Ärmsten insgesamt besser geht, warum bleibt es hinnehmbar, dass einige schlechter gestellt sind als andere? Ist es per se akzeptabel, dass es Kapitäne und Helfer in einer Mannschaft gibt?), stellt sich die Frage, auf welches Ziel ein solches System zusteuert. Der unersättliche Appetit nach Reichtum birgt die Gefahr, in Überfluss und Übersättigung zu enden. Unsere Wirtschaft wird, wie jeder sieht, dauernd von Krisen geschüttelt, es hat immer mehr den Anschein, als könne das System seinem eigenen Tempo nicht mehr folgen. Bisher gelingt es uns, immer wieder aufzustehen, und wir halten mehr schlecht als recht Kurs auf den allgemeinen Fortschritt. Aber das Risiko besteht, dass wir es eines Tages mit einer Krise zu tun bekommen, von der wir uns nicht erholen werden.

Die Gefahr für ein Radsportteam, das an der Spitze steht, ist, eines Tages eine schwierige Phase durchzumachen, in der sich die Vielzahl von Talenten, die sich bis dahin gegenseitig befeuerten, plötzlich als Überangebot erweist – in einer Disziplin, die, wir erinnern uns, immer nur einen Sieger kennt. Für einige Fahrer dürften die Tage im Team dann gezählt sein, wenn nicht sogar gleich die gesamte Mannschaft in mehrere schwächere Untereinheiten zerfällt, so wie die verschworenen Grüppchen, die sich bei den größten Rennställen oft um die Spitzenfahrer herum bilden. Bleiben die Resultate aus, löst das bei Sponsoren die Frage aus, ob das viele, in Erwartung sicherer Siege investierte Geld wohl am richtigen Platz liegt. Einige von ihnen werden sich zurückziehen, und das bisher dominierende Team, das entsprechend auch die größten Lohnkosten zu tragen hat, sieht sich rasch einer komplizierten finanziellen Situation gegenüber, die seinen baldigen Exitus bedeuten kann. Dann zeigt sich, dass der Koloss nur auf tönernen Füßen stand, wohingegen kleinere Mannschaften mit geringerer finanzieller Belastung und größerer Flexibilität gegenüber Konjunkturschwankungen in der Lage sind, sich anzupassen, und die Krise überleben.

Wir als Mitglieder einer globalen kapitalistischen Gesellschaft befinden uns in einer ganz ähnlichen Lage wie diese Mannschaft auf dem Zenit ihres Ruhms und sind ebenfalls erstaunlich verwundbar. Wir bemerken nicht, dass aus dieser Welt, deren Reichtum wir ausbeuten, auch unsere größte Bedrohung herrührt, denn die ökologische Katastrophe naht und wir beschleunigen ihr Kommen. So, wie wir die Natur jetzt behandeln, verbrauchen wir sie. Indem wir immer mehr wollen und naiv unser Eigeninteresse verfolgen, ohne uns dabei etwas Böses zu denken, ja, sogar im Glauben, dass dies der Allgemeinheit nutzt, rasen wir auf den Kollaps zu.

Muss man also, wie einige vorschlagen, den Pfad des Gesundschrumpfens einschlagen und unsere Profitziele samt dem Fortschritt beerdigen? Sollte man den Geist der Gleichheit ins Peloton einziehen lassen, auch wenn es dann weniger schnell fährt? In einem gewissen Sinne vermutlich schon. Unsere Gesellschaft hat zu sehr Quantität auf Kosten von Qualität bevorzugt: Der Liberalismus, der sich als Doktrin versteht, in der das Gemeinwohl durch die Verfolgung individueller Interessen erreicht wird, hat paradoxerweise das individuelle Wohl vergessen. Das standardisierte, optimierte, vertikale System, das uns heute vorgesetzt wird, verschafft dem Einzelnen zwar messbare Verbesserungen seines Lebensstandards, lässt ihn aber gleichzeitig innerlich orientierungslos, geschwächt und traurig zurück. Alle Bedingungen zum Erreichen des Glücks sind vereint, und doch nagt am Individuum eine innere Melancholie.

Die Depression des Siegers ist ein bekanntes psychologisches Phänomen. Der Athlet hat alles gewonnen, hat alle Ziele erreicht, die er sich gesetzt hatte, alle Siegerkränze empfangen. Er ist in seinen besten Jahren, im Vollbesitz seiner Fähigkeiten, in der Blüte seiner Kraft und wird von allen verehrt. Jetzt muss er diesen Zustand nur noch genießen und auskosten. Und doch überkommt ihn ein Unwohlsein, ein Gefühl der Leere macht sich breit. Es gibt nichts mehr zu beweisen; Ikarus hat die Sonne erreicht und langweilt sich. Der Sportler verfällt in einen psychologischen Verzweiflungszustand, weil alles zu gut läuft, und auch weil ihm klar wird, dass der ganze Weg zum Gipfel von einem System koordiniert wurde, das ihm völlig fremd ist, und dass ihm jetzt – anders als die Gelegenheitsschmeichler – die Kumpel, die echten Freunde fehlen.

Diese Gründe erklären, warum junge Radsporttalente, vor denen eine goldene Zukunft lag, von heute auf morgen beschließen, ihr Leben zu ändern, und mit dem Radsport aufhören. Fälle, die sich in den letzten Jahren häufen. Einem Milieu überdrüssig, das ihnen zu viel auf einmal gibt und ihre Karrieren in vorgezeichneten Bahnen verplante, wollen sie wieder Herr ihres eigenen Geschicks werden. Ähnlich verhält es sich mit einigen erfolgreichen Fahrern, die die Spitze ihres Sports erreicht haben: Im Gefühl, dass es nichts mehr zu erobern gibt, und angewidert von einem Leben, das zu leicht und oberflächlich erscheint, verfallen sie der Selbstzerstörung und erliegen den Verlockungen von Drogen oder Alkohol – in der Hoffnung, endlich wieder irgendetwas zu spüren.

Es braucht eine gewisse Weisheit, um heiter und ausgeglichen ein Universum zu genießen, in dem für uns alles erreichbar scheint. Die ökologische Katastrophe naht, weil die Menschheit ein Stadium des Überflusses erreicht hat, den die Individuen auf der Kommandobrücke nicht haben eindämmen können.

Um das Ertrinken zu verhindern, müsste man fähig sein, bescheidenere Lebensformen zu akzeptieren. Doch wie kann der Rückwärtsgang eingelegt werden? Die Lebensweise eines laotischen Bauern zu preisen, hat etwas Unanständiges, wenn es einem an nichts mangelt. Wenn es einen Fortschritt gibt (und es wäre ebenso unanständig zu behaupten, unsere Lebensbedingungen hätten sich in den letzten Jahrhunderten nicht verbessert), dann nur, weil wir ihn wollen. Wenn unsere Wirtschaft einen ständigen Wettlauf nach vorn betreibt und wir uns auf unserem jeweiligen Gebiet an ihm beteiligen, so erfüllt das ein Bedürfnis. Der Ruf zurück zur reinen, ursprünglichen Natur ist eine illusorische Antwort auf die schwierige Frage nach der Versöhnung von Monatsende und Weltenende.

Analog dazu halte ich den derzeitigen Aufruf zu einem »gebremsten« Sport für unsinnig. Was will man eigentlich? Dass der kleine Stachel, der Athleten antreibt, *immer mehr* zu wollen, um sich und die anderen zu übertreffen, nicht mehr sticht? Das ginge gegen den Gedanken des Sports an sich. »Rekorde sind dazu da, um gebrochen zu werden«, ist dagegen ein sportphilosophischer Standpunkt, den ich unterschreibe. Man mag es bedauern oder nicht, es ist unmöglich, den Rückwärtsgang einzulegen.

Denn hierin liegt das Paradoxon: Wir wollen alle auf unsere Art als Erster an der Ziellinie sein (die es natürlich nie gibt, denn es gibt immer ein nächstes Rennen und immer das Gefühl, *besser* siegen zu können); doch wir müssen es als Team schaffen, ohne vom großen Feld eingeholt zu werden, aber auch ohne durch unsere Maßlosigkeit das Spielzeug zu zerstören, das uns die Lebensgrundlage bietet und die Bühne ist, auf der wir unser Können beweisen dürfen.

Als großes Ganzes betrachtet, hat das form- und kopflose Peloton nichts Lebendiges. Es zerstört die Persönlichkeit der einzelnen Mitglieder, aus denen es besteht. Diese sind nur noch austauschbare, x-beliebige Objekte. Es gibt keinen Sport mehr.

Doch wenn umgekehrt ein völlig entgrenzter Wettbewerb dazu führt, dass die Individuen sich überhöhen und nur noch einzelne, voneinander isolierte »Ichs« sind, dann gibt es schlichtweg kein Peloton mehr, dann gibt es gar nichts mehr. Macht erlischt ohne ihre Anerkennung.

Der Spagat, individuellen Ehrgeiz und kollektiven Erfolg zusammenzuhalten, ist es, was das eigentliche Wesen des Radsports ausmacht, von dem man sagt, er sei »ein Individualsport, der in Mannschaften ausgeübt wird«. Und damit steht diese Sportart exemplarisch für die Gesellschaft insgesamt und für die Probleme, mit der sie konfrontiert ist. Denn ist, wenn wir den Fokus erweitern, das gesamte Leben nicht letzten Endes eine einsame Erfahrung, die gemeinsam gemacht wird?

*

Die Gruppe ist für das Individuum unverzichtbar. Tut der Einzelne sich einmal hervor, vergisst man allzu häufig, dass dies anderen zu verdanken ist. Kein Kapitän kann ohne seine Helfer gewinnen, ohne sie existiert er nicht einmal. Aber sie tauchen in den Ergebnislisten nicht auf. Sie sind die letzten, deren Verträge verlängert werden, müssen sich wohl oder übel mangels Alternativen mit den geringsten Einkommen zufriedengeben, weil es ihnen an persönlichen Resultaten fehlt, die sie in die Waagschale werfen könnten, und an Punkten in den berühmtberüchtigten *Rankings*, die sie zu Geld machen könnten. Und das aus gutem Grund! Das ganze Jahr über hat man von ihnen verlangt, sich für ihren Kapitän »lang zu machen«. Man bat sie, ihr Ego hintanzustellen, nannte Siege gemeinsame Erfolge, ganz gleich, wer die Ziellinie als Erster überquerte, und ganz egal, ob sie schon nach der Hälfte des Rennens abreißen ließen, weil sie vorher schon alles für die Mannschaft gegeben hatten. Im Gegenteil, der sportliche Leiter unterstrich, er *wolle*, dass die Helfer am Ende abgehängt würden oder gar aufgeben. Dies sei der Beweis blinder Ergebenheit und perfekter Selbstverleugnung.

Ich bin immer wieder davon überrascht, wie schnell im Siegestrubel die ganzen noblen Gesten und all die Selbstaufopferung vergessen sind, sobald der Zielstrich überquert ist. Alle, das Publikum ebenso wie die Mannschaftsleitungen, schauen nur auf den, der im Rampenlicht auf dem Podium steht und gekrönt wird. Es bringt einen fast in Verlegenheit. Worauf achtet ein Teammanager, wenn die Saison vorüber ist? Er erinnert sich nicht an diese endlose Gerade nach achtzig Kilometern beim Grand Prix de L'Escarmouche. Er sieht nur die nackten, kalten Ergebnislisten. Ich dagegen in meiner komfortablen Position des Mannschaftskapitäns schäme mich beinahe, weil ich einem Teamkollegen eines Tages die eigene Chance nahm, als ich ihn Bidons holen schickte, ihn bat, meine überzählige Kleidung zum Mannschaftswagen zurückzubringen, um mich im Finale leichter zu fühlen, oder ihm auftrug, sich an die Spitze des Feldes zu setzen, um die Ausreißergruppe einzuholen.

Die Helfer, die Domestiken und Wasserträger, sind die Vergessenen des Radsports, die, auf denen die Last ruht, die aber selbst so gut wie unsichtbar bleiben, denen man so vieles verspricht und doch so wenig gibt.

Natürlich ist die Hierarchie nicht vollkommen willkürlich. Im Radsport ist sie das Ergebnis der physiologischen Qualitäten des Einzelnen. Wenn ich Kapitän meiner Mannschaft bin, dann deshalb, weil ich mir diese Position in gewisser Weise im Training und über meine früheren Leistungen erworben habe.

Die soziale Stellung des Einzelnen in der kapitalistischen Gesellschaft ist ebenfalls nicht vorgegeben. Diejenigen, die dominieren, verdanken die Zugehörigkeit zu den höchsten Klassen ihrer besseren Arbeitsleistung oder besonderen moralischen und intellektuellen Fähigkeiten. In einer meritokratischen Gesellschaft werden Posten im Prinzip nach Kompetenz verteilt. Und eine Entwicklung bleibt möglich.

Man nennt sie den »sozialen Aufstieg«, der eine von der Gemeinschaft zugelassene Statusveränderung beschreibt, den Zugang zu einer sozialen Klasse, die höher ist als die, aus der man stammt – genau wie man einem Neoprofi verspricht, wenn man ihn zunächst als *Gregario* einspannt, dass seine Stunde irgendwann kommen werde und er bald seine Kapitäne herausfordern darf.

Aber haben unsere Gesellschaften, sei es auf mikroskopischer Ebene wie in einem Radteam, sei es auf makroskopischer Ebene in einem Staat, wirklich den Wunsch, dass ihre Kapitäne abgesetzt werden und ihre Hierarchie ständig auf den Kopf gestellt wird? Es ist doch viel einfacher, die Entwicklung einer Organisation und ihren dauerhaften Fortbestand über den *Status-quo* zu sichern, indem man dafür sorgt, dass Eliten Eliten bleiben und Proletarier Proletarier. Von medialen Aspekten ganz zu schweigen: Es ist leichter, einen schon etablierten »Star« zu vermarkten, als einen neuen zu schaffen…

Ein Peloton aus eher unstrukturierten Mannschaften ohne vorher festgelegte Rollen und Hierarchien wird sich, da jeder auf Sieg fahren darf, deutlich schneller zerlegen, ganz so, wie man es bei Amateurrennen oder eher zweitklassig besetzten Profirennen sieht: Bei Rennen der Coupe de France beispielsweise passiert – weil das sehr heterogene Leistungsniveau und die Abwesenheit von Stars ununterbrochene Attacken zulässt und das Hauptfeld in viele kleine Gruppen zerfällt – deutlich mehr als auf einer Etappe der Tour de France, bei der gewagte Aktionen aufgrund einer höheren Leistungsdichte, und weil mehr auf dem Spiel steht, eher selten sind.

Auf gleiche Weise läuft eine politische Strömung, die sich vor allem auf Horizontalität gründet, Gefahr, nicht mit ihrer Kernbotschaft gehört zu werden, weil zu viele Stimmen gleichzeitig sie verkünden, und Unternehmen ohne klare Führung leiden oft unter der Unfähigkeit, eindeutige strategische Entscheidungen zu treffen.

Um diesen Fallstricken zu begegnen, bilden unsere Gesellschaften hierarchisierte Klassen; und um die Stabilität dieser Klassen zu gewährleisten, werden diese in der Regel von einer entsprechenden Ideologie begleitet, die die herrschende Ordnung rechtfertigt.

Selbst wenn es für die herrschende Hierarchie keine Grundlage gäbe, selbst wenn ein Kapitän weniger stark als sein Helfer wäre oder ein Angestellter fähiger als sein Vorgesetzter, würde eine Organisation lieber so lange wie möglich die vorhandene Struktur beibehalten – wegen der Gefahr, dass das, was man durch laufende Arbeitsplatzwechsel an Kompetenz gewinnen würde, zugleich an Zuverlässigkeit und Effizienz verloren ginge. Das erklärt, warum Radsportteams sich gewissermaßen »rückversichern«, indem sie lieber auf den alternden Champion setzen statt auf den jungen, aufstrebenden Fahrer, oder warum Unternehmen sich sogar an verlustbringende Organigramme klammern, statt Mitarbeiter in adäquate Positionen zu bringen.

All dies ist natürlich nicht besonders gerecht, und in jüngeren Jahren habe ich gern gegen diese »Klassenbequemlichkeit« rebelliert. Doch der eigentliche Skandal liegt woanders. Er liegt darin, dass dieser Sachverhalt, im Gegensatz zu dem, was man annehmen könnte, nicht auf einen Komplott einer kleinen herrschenden Klasse zurückzuführen ist, nicht auf eine Verschwörung einer Elite, die unter sich bleibt. Nein, die Proletarier selbst sind, *in gewissem Sinne*, an der Erhaltung des bestehenden Systems beteiligt und ermutigen es. Die meisten von ihnen ziehen eine möglicherweise suboptimale, aber stabile und sichere eigene Situation dem Risiko des Wandels vor. In dem kleinen Kreis, der uns umgibt und in dem wir uns auskennen, sind wir zumindest unsere eigenen Herren, können unbesorgt unsere kleine Macht ausüben, was erklärt, warum die Volksaufstände der Schwächsten so selten sind, obwohl diese allen Grund dazu hätten und sie am leichtesten in Gang bringen könnten – schließlich ist der Sockel der Pyramide ja zwangsläufig die zahlenstärkste Schicht der hierarchisierten Gesellschaft, in der wir leben müssen.

Seien wir ehrlich: Viele von uns träumen davon, eine höhere Stellung zu ergattern, und wünschen sich mehr Verantwortung. Doch gleichzeitig macht diese Aussicht Angst, denn naturgemäß wissen wir nicht, was uns dort erwartet. Ich erinnere mich an meine Reaktion, als man mir wegen guter schulischer Leistungen mit sieben oder acht Jahren anbot, eine Klasse »zu überspringen«. Statt über die Möglichkeit, neue Horizonte zu entdecken, begeistert zu sein, brach ich in Tränen aus. Ich fand das Unbekannte entsetzlich. In meiner Altersklasse war ich mir recht sicher, zu den Besten zu gehören. Aber in der Klasse *darüber*?

Heute höre ich oft Fahrer sich beschweren, man schenke ihnen zu wenig Vertrauen. Andere überlegen insgeheim, was sie alles hätten erreichen können, *»wenn man sie nicht gebremst hätte«*... An dem Tag allerdings, an dem sich die konkrete Möglichkeit ergibt, sich persönlich zu beweisen, machen nur wenige von der Gelegenheit Gebrauch, ihre Karte auszuspielen. Es ist für uns alle leicht und ein gutes Gefühl, in Träumen zu leben und sich gegen die »Tyrannei der Herrschenden« aufzulehnen, in der Hoffnung auf eine bessere Zukunft zu schwelgen, ohne je Taten folgen zu lassen, die die Hoffnung in Realität überführen könnten, ohne je diese innere Rebellion in eine tatsächliche Revolution zu verwandeln. Wenn die Umstände uns nicht ins Rampenlicht drängen, bleiben viele lieber hinter den Kulissen. Wenn man mich nicht gewissermaßen genötigt hätte, in die höhere Schulklasse zu wechseln oder später die Kapitänsrolle bei meiner ersten Profimannschaft anzunehmen, wäre ich diesen Schritt wahrscheinlich nie aus eigenen Stücken gegangen.

Unsere Gesellschaft gründet auf dieser inneren Maxime: »Ich könnte, wenn nur...«. Sie gründet auf Phantasmen, deren Verwirklichung man sich verbietet. Der Mensch ist frei geboren und glaubt, angekettet zu sein. Deshalb wird der Zusammenhalt von Individuum und Kollektiv, wie wir ihn kennen und wie er menschliche Gruppen aller Art seit Jahrhunderten verbindet, mithilfe einer zweifachen Lüge erzeugt: die Lüge des Chefs, der dem Untergebenen die Wertschätzung seiner Arbeit verspricht (und dieses Versprechen sofort vergisst) und vorgibt, es gäbe keine Hierarchie (von seinem Posten des Anführers aus gesehen); aber ebenfalls die Lüge des Untergebenen, des Helfers, gegen sich selbst!

Sollte man das bedauern? Schließlich ist diese Form der Heuchelei in allen Schichten der Gesellschaft verbreitet und kann, um einen Ausdruck Platons zu verwenden, als »edle Lüge« bezeichnet werden. Sie erlaubt der Gesellschaft schon seit langem, einen Rahmen zu schaffen, in dem allem Anschein nach jeder seine Interessen verwirklichen kann.

*

Diese Lüge funktioniert seit Jahrhunderten mit einigem Erfolg. Trotz einiger Unterschiede und der konjunkturellen Entwicklungen hat sich die Struktur der Gesellschaft von der Antike bis ins 19. Jahrhundert hinein nur unwesentlich verändert. Die Welt ist gewachsen, Bevölkerungen haben sich entwickelt, die Lebensbedingungen haben sich allmählich verbessert, Künste blühten auf und die technische Entwicklung nahm ihren Lauf. Aber während dieses allmählichen und stetigen Fortschritts kam es nie zu einem Paradigmenwechsel. In einem Rahmen relativen Unwissens, mit dem sich jeder arrangierte und in dem die Rollen festgelegt waren und kaum infrage gestellt wurden, nahm das Leben seinen wohlgeordneten Lauf.

Doch mit der Französischen Revolution und dem darauffolgenden 19. Jahrhundert – einer Epoche enormen Wandels – änderte sich eine Sache: der Zugang zur Information. Um ein Wort Hegels aufzugreifen, ist der Geist sich seiner Freiheit *bewusst* geworden. Im Grunde seines Seins weiß das Individuum nunmehr um seine Universalität; von da an kann es die Klassenstrukturen, die bis dahin als natürlich galten, nicht mehr als gegeben hinnehmen.

In den ersten Jahrhunderten der Neuzeit und über das gesamte Mittelalter hinweg fand Information kaum Verbreitung. Nur eine führende oder alphabetisierte Elite hatte Zugang zu Büchern und verfügte über eine umfassendere Kenntnis der Welt.

Die Erfindung der Druckerpresse im 15. Jahrhundert war der Beginn einer neuen Epoche, weil sie allmählich die Verbreitung von Information in größerem Maßstab ermöglichte. Aus der neuen Technologie entsprang der Journalismus und verschaffte der Allgemeinheit Zugang zu einem bis dahin unbekannten Wissen.

Der Kitt der Gesellschaft, das, was bis dahin Individuum und Kollektiv zusammenhielt, war der Glaube daran, dass sich die Menschen in ihrem Wert unterschieden. Dieser natürlich der Unwissenheit geschuldete Glaube kam mit der Entwicklung der Presse im 18. Jahrhundert zu Fall. Die Aufklärung erleuchtete die Mitglieder des dritten Standes. Diese begriffen die Ungleichheiten, die sie erduldeten, und deren völlige Grundlosigkeit.

Dies führte zur Revolution – und in deren Folge zu einer Phase der verlorenen Illusionen, als die sich das 19. Jahrhundert entpuppt. Wir sind in das Zeitalter des Misstrauens eingetreten, deren erste Verkünder Marx, Freud und Nietzsche waren. *Wir wissen nun* und können nicht länger die Augen davor verschließen. Die allgegenwärtige Information hat unsere freiwillige Ignoranz getötet.

Damit tritt das natürliche Primat des Individuums offen zutage. Seine Ausdrucksform findet es im Kapitalismus, der mit Nachdruck bekräftigt, was Michel Piccoli in seiner Rolle des gnadenlosen Unternehmenschefs in *Eine merkwürdige Karriere* sagt: »Wir müssen die Besten sein. Die Besten! Wenn nicht, was dann?«[1]

Die olympische Bewegung, deren erneutes Aufkommen zeitgleich zur industriellen Revolution verlief, ist für diese tiefgreifende Verschiebung sozialer Werte symptomatisch. Von seiner Natur aus verlangt der moderne Sport den Sieg, das Übertreffen der anderen. In diesem Sinne kann er als fundamental kapitalistisch angesehen werden. Doch gleichzeitig stützt er sich auf eine Ideologie, die in Konkurrenz dazu steht: Er stellt alle Mitstreiter zu Beginn des Wettbewerbs auf die gleiche Stufe, indem er betont: »Dabeisein ist alles«[2], und definiert zudem gegenseitige Hilfe, Teilhabe und Kooperation als Werte, die dem Sieg überlegen sind.

Dieser zweifache Befehl – gewinnen und zugleich denen helfen, die es zu schlagen gilt; Erster sein bei völliger Gleichheit – ist selbstverständlich unerfüllbar und zudem heuchlerisch. Dabei schwebt er noch heute über den Athleten: Die 138. Sitzung des Internationalen Olympischen Komitees im Juli 2021 in Tokio wurde als Gelegenheit genutzt, um diese ideologische Schizophrenie ganz offiziell zu besiegeln. Man befand dort, dass das olympische Motto »Höher, schneller, weiter« nicht mehr zeitge-

1. Spielfilm von Pierre Granier-Deferre, 1981.

2. Der vollständige und genaue Wortlaut des Textes, den Pierre de Coubertin bei den Olympischen Spielen in Stockholm 1912 verlas, lautet: »Das Wichtigste an den Olympischen Spielen ist nicht zu gewinnen, sondern teilzunehmen, denn im Leben ist das Wichtigste nicht der Triumph, sondern der Kampf; wesentlich ist nicht, gesiegt zu haben, sondern sich gut zu schlagen.« Der Baron hat diese Formulierung wiederum aus einer Predigt von Monsignore Thalbot übernommen, die dieser als Bischof von Pennsylvania im Jahr 1908 in London hielt.

mäß sei. Darum beschloss man, das politisch überaus korrekte Adverb »gemeinsam« - mit Bindestrich - hinzuzufügen, um die Auflösung der individuellen Leistung im Kollektiv zu bekräftigen.

Wie soll ich mich nun als Mitglied und Kapitän eines Radsportteams verhalten, wenn ich die mir vorgegebenen Ziele alle gleichzeitig erreichen soll, also gewinnen, ohne die anderen in Gestalt von Teamkollegen oder Gegnern zu »vernichten«? Diesem Dilemma sieht sich in ähnlicher Form jeder Angestellte eines kapitalistischen Unternehmens gegenüber, ganz gleich, an welcher Stelle der Hierarchie er sich befindet. Dasselbe gilt für den demokratischen Bürger, der zugleich an die Gemeinschaft und sich selbst denken soll. Das Individuum ertrinkt in Ermangelung edler Lügen oder Ausreden, mit denen es sich behelfen könnte, in einem Ozean von Widersprüchen.

Früher, als die Menschen in Unwissenheit lebten und die Informationen bruchstückhaft waren, lagen die Dinge einfacher: Um die genannten Widersprüche aufzulösen, reichte es, sich nach den Vorgesetzten zu richten, seine Geschicke in die Hände der »Wissenden« zu legen und deren Anweisungen zu befolgen. Wenn Menschen auf Ungereimtheiten stießen, schrieben sie das ihrem mangelnden Wissen zu, was allgemein akzeptiert und gebilligt wurde.

Heute indes tritt, durch den Kapitalismus und dessen widersprüchliche Gebote, in einem hypervernetzten Universum, in dem man nicht mehr miteinander spricht, in einer Gesellschaft der Profitgier und des Gutmenschentums, die Absurdität der Welt und unsere Ohnmacht ihr gegenüber mit voller Brutalität zutage. Nie zuvor hatten wir so viel Zugang zu Informationen und paradoxerweise hatten wir noch nie so sehr das Gefühl, nicht mehr zu wissen, was wahr ist oder wem man glauben kann.

Im Rennen hat der sportliche Leiter eines Radsportteams heute Zugang zu einem Roadbook, zu exakten digitalisierten Daten des Streckenprofils, sogar zu Informationen über den physiologischen Zustand seiner Fahrer, aber verfügt er damit auch über eine bessere Kenntnis von der »Wahrheit des Pelotons« als ich als einfacher Athlet? Das bezweifle ich. Dabei weiß ich selbst nichts von den Gesetzen, die dieses überindividuelle Gemeinwesen steuern. Ich habe schon die sportlichen Enttäuschungen erwähnt, die ich erlitten habe, weil ich mich zu sehr auf ein »rationales« Verhalten des Pelotons verließ. Mein Fehler war, ein Monster verstehen zu wollen, das sich als unbegreiflich erweist.

Dieses Unvermögen, die »Wahrheit« zu ermitteln, habe ich in meiner sportlichen Laufbahn schon mehrfach in kritischen Situationen erlebt, insbesondere als ich es mit chronischen Schmerzen zu tun bekam, gegen die ich kein Mittel fand. Ich litt unter Knieproblemen und erhielt eine Reihe divergierender Meinungen und Diagnosen von diversen Koryphäen, die alle von ihrer Sache überzeugt waren. Wem vertrauen? Der eine rät mir, den Sattel höher zu stellen, der andere, ihn tiefer zu stellen. Einer empfiehlt mir, den Schmerz mit Eisbeuteln zu stillen, der nächste, die Durchblutung mit Wärme zu fördern. Und wie viele haben mir nicht sofortige Heilung versichert, nachdem sie mich beobachtet, massiert und gründlich untersucht hatten? Angesichts einer solchen Masse an Information war ich zwangsläufig verunsichert.

Führungskräfte und »Spezialisten« bemühen sich stets, überlegen, kennerhaft und eingeweiht zu wirken – fast so allwissend wie Gott. Auf politischer Ebene hat in Frankreich die Figur des Präsidenten, wie der General de Gaulle sie anlegte, versucht, dieser Rolle gerecht zu werden. Jeder, der seitdem den Posten bekleidet, hat auch alles unternommen, das Amt zu *verkörpern*, so auch Emmanuel Macron, der daran festhielt, eine überragende, »jupiterhafte Figur« darstellen zu wollen. Aber der Zauber ist verflogen. Immer leichter können wir erkennen, dass auch unsere Anführer und ihre Entourage nur menschliche Wesen sind, ebenso ahnungslos wie wir selbst – und so versinken wir tiefer und tiefer im Nihilismus.

Als François Hollande sich zu einem »normalen Präsidenten« erklärte, war das sein Versuch, dieser Herausforderung zu begegnen. Das wurde ihm oft zum Vorwurf gemacht, ganz so als weigerten die Franzosen sich immer noch, die wirkliche, menschliche Seite des Chefs anzuerkennen, seine Fehlbarkeit und die Unvollkommenheit seines Wissens. Im Angesicht der Covid-19-Krise ist es nicht mehr möglich, die Augen vor der Realität zu verschließen. Die Bewusstwerdung hat sich beschleunigt. Wenn man hört und sieht, wie viele Experten und Politiker gezwungen waren, auf die ihnen gestellten Fragen mit »Ich weiß es nicht« zu antworten, wenn man all diese widersprüchlichen wissenschaftlichen Studien betrachtet, so stößt man auf das, was Habermas als »das explizite Wissen unseres Nicht-Wissens«[1] beschreibt.

Die Orientierungspunkte sind verloren gegangen. In der Person Donald Trumps wurde dieser Tatbestand zementiert. Durch seinen groben, unbeherrschten Charakter, mit seinen Reden über Post-Faktisches und *Fake News* symbolisiert er das

---

1. *Le Monde* vom 10. April 2020.

Abdanken der Führerfigur und unterstreicht den verlorenen Wirklichkeitsbezug unserer Gesellschaft. Daher die Verschwörungstheorien – groteske Versuche, um in einer Welt, deren Informationsexzesse zum Bedeutungsverlust von Information geführt haben, wieder eine Logik einzuführen. Wo findet sich Wahrheit? Wer sichert Objektivität? Die traditionellen Medien haben ihren Status verloren. Dank sozialer Netzwerke kann jeder Journalist sein. Das immer nur einen Mausklick von seiner Warholschen Viertelstunde Ruhm entfernte Individuum bläht sich gefährlich auf und glaubt, dank des Netzes und der globalen Konnektivität, universelle Bedeutung zu erreichen – bevor der nächste Konkurrenzklick diese süße Hoffnung zerstört und jeden auf seine traurige Isolation und die Welt in ihre Absurdität zurückwirft. Die digitale Gesellschaft hätte ein Ort der Begegnung von Individuum und Kollektiv werden können und ist stattdessen zum Treiber des allgemeinen Sinnverlusts geworden.

*

Der Sport ist ein Spiegelbild unserer Gesellschaft. In seiner modernen Form überzeichnet er die charakteristischen Merkmale der Welt, die wir kennen, der Welt des Kapitalismus und der Netzwerke, und verdeutlicht deren Nachteile. Er stellt das Individuum in den Fokus, verweigert ihm aber jede Körperlichkeit. Der Sportstar ist ein Image, ein Schauspiel. Er wird von all den Informationen ertränkt, die über ihn erzeugt werden: all die Daten und Statistiken, die sein Tun objektivieren und am Ende nichts mehr aussagen; all die Gerüchte, die seine Karriere begleiten (Transfers, Verletzungen, Privatleben usw.) und meist nur heiße Luft sind. Das einzigartige menschliche Wesen hinter dem fetischisierten Idol haben wir aus den Augen verloren.

In dieser Hinsicht ist es als Sportler ziemlich verstörend, wenn man die Diskrepanz zwischen der Person, die man zu sein glaubt, und dem öffentlichen Bild, das über einen erzeugt wurde, feststellt. Die Wirkung der Tour de France und des Im-Fernsehen-gesehen-Werdens überrascht mich immer wieder. Im Juni kann ich ungestört und unerkannt dahinrollen und mich einfach und direkt mit den Menschen austauschen, die mir unterwegs begegnen. Ist der Juli aber vorbei, hupt man mir grüßend zu und nähert sich mir, als sei ich ein besonderes Wesen. Habe ich mich verändert? Nun, ich bin in der Zwischenzeit dreitausendfünfhundert Kilometer mit dem Rad gefahren, was aber relativ trivial ist. Manchmal habe ich auch den Eindruck, dass all die Messdaten, die mein Betreuerstab zur Analyse und Optimierung meiner Leistung auf dem Rad verwendet, dazu führen, mich in gewisser Weise zu entpersonalisieren. Ich fühle mich mitunter wie ein Gegenstand, der ständig mit »Parametern« versehen wird, um ihn weiterzuentwickeln, wie ein Rennwagen, den man optimieren möchte. Auch hier besteht eine Kluft zwischen der statistischen Betrachtungsweise, dem digitalen Datensatz, der mich repräsentiert, und der Art, in der ich mich persönlich wahrnehme.

Ich bin natürlich nicht der Einzige, der diese Erfahrung von Diskrepanz zwischen seinem privaten »Ich« und seinem öffentlichen Doppelgänger macht. Praktisch jeder von uns wird feststellen müssen, dass sich seine öffentliche Existenz von seinem privaten Innersten erheblich unterscheidet. Nur scheint es mir so, dass der Sport diesen Sachverhalt noch verstärkt, nämlich die Tendenz des Kollektivs, sich alles anzueignen und

Individuen einzuverleiben. Im Starkult um Athleten werden diese zu Handelswaren und am Ende zu Gegenständen.

Unter dem Deckmantel einer Verherrlichung des Ausnahmewesens entwickelt sich also in Wahrheit ein System, das auf allen Ebenen die Negation des Besonderen betreibt. Denn auch die Zuschauer entkommen nicht dem Zugriff des Sports als Gesellschaft des Spektakels und seiner desindividualisierenden Macht. Der Fan, der um jeden Preis seinen abgöttisch verehrten Vorbildern gleichen möchte, läuft Gefahr, sich selbst zu vergessen. Einen Verein oder einen Athleten zu verehren, geschieht oft mit dem Ziel, seine eigene Person zu *transzendieren*, wogegen nichts einzuwenden wäre, solange es sich um ein erwünschtes und angestrebtes Phänomen handelt. Wenn hingegen die Liebe zu einem Club oder einem Champion in Fanatismus umschlägt, wenn man sich am Ende nur über den berühmten Stellvertreter definiert, wirft der Mechanismus, der hier am Werk ist, Fragen auf.

Der moderne Sport betreibt einen Kult des Individuums und feiert gleichzeitig das Kollektiv. Doch diese Verbindung der Gegensätze erweist sich insofern als wenig authentisch, als die beiden Aspekte konzeptionell getrennt voneinander gedacht werden, auf dem wackligen Boden plakativ vereinfachter Ideologien, wo es doch eher angebracht wäre, einerseits den Vorrang des Einzelnen und Besonderen zu betonen und zugleich dessen notwendige Einbindung in ein kooperatives Ganzes anzuerkennen.

*

Man könnte meinen, das demokratische System hätte das Problem, das Individuum mit dem Universellen zu vereinen, elegant über das Wahlrecht gelöst, indem es jedem Einzelnen eine Stimme im kollektiven Handeln verleiht: Durch meine Beteiligung an der Wahl bestimme ich als freies Individuum das Schicksal einer Gruppe, einer ganzen Nation. Die Idee ist schön, aber fragil.

Es ist offensichtlich, dass mein Stimmzettel allein nicht ausreicht, um den Lauf einer überindividuellen Bewegung zu beeinflussen. Glaubt der Bürger in der Wahlkabine als einer unter Millionen denn aufrichtig, er könne mit diesem kleinen Zettel, den er in den Umschlag steckt, die Geschicke eines ganzen Landes lenken? Und sollte er beschließen, kehrtzumachen und seine Stimme nicht abzugeben, wird diese fehlende Meinung dann das Gesamtergebnis der Wahl verändern? Letztlich ist es eine Frage simpler Mathematik: Die Kraft einer einzelnen Stimme inmitten einer ungleich größeren Zahl anderer fremder Stimmen ist so gering, dass sie unhörbar wird. Gegen die numerische Überlegenheit des Kollektivs ist das Individuum eine zu vernachlässigende Größe – ebenso wie ein einzelner Fahrer, der ein Radrennen gegen ein trödelndes Peloton wieder in Schwung bringen möchte, sich als lächerlich ohnmächtig erweist, weil er mit seiner Einzelaktion nicht in der Lage ist, dem Rennen auch nur die geringste Wendung zu geben. Im besten Falle würde man ihn unter belustigten Blicken ziehen lassen und sein unmögliches Unterfangen verfolgen, seine idiotische Jagd zwischen dem Hauptfeld und einer längst allzu weit entfernten Ausreißergruppe, deren vereinte Kräfte es niemals zulassen würden, dass er sie einholt. Und im schlimmsten Fall? Dann würde man ihn jagen, ihm den Weg versperren, ihn einschüchtern, damit ihm die Lust vergeht, je wieder gegen den allgemeinen Willen zu opponieren.

Das bleibt natürlich nicht unwidersprochen, es werden Gegenargumente laut: Schließlich brauche es doch einen ersten Angreifer, damit andere folgen. Eine einzelne Stimme zähle nicht, aber ein weiterer Stimmzettel, dann noch einer und noch einer... Und ginge überdies jeder von Wahrscheinlichkeitsrechnung aus und wäre den Wählern die Überflüssigkeit ihres Tuns klar, würde das System in sich zusammenfallen und es käme zu einschneidenden, ja, gefährlichen Veränderungen. Und allein deshalb schon sei es geboten, »das am wenigsten üble aller Regimes« um jeden Preis zu verteidigen, selbst wenn man dafür ein Lob des Kollektivs singt, dessen Verlogenheit man kennt, dessen Wirksamkeit aber alle Ausflüchte rechtfertigt.

Das Problem solcher Einwände ist, dass sie alle aus Sicht des Kollektivs erfolgen, wo doch eigentlich das Individuum an erster Stelle käme. »Wenn alle genauso handeln würden, wenn jeder Wähler das Interesse an der Wahl verlieren würde, dann bricht das System zusammen«: Das ist die Anwendung von Kants kategorischem Imperativ auf die demokratische Gesellschaft. Aus logischer Sicht ist gegen dieses Argument in der Tat nichts einzuwenden. Aber *menschlich* betrachtet? Würde ich so argumentieren und folglich annehmen, dass jede meiner Handlungen sofort verallgemeinert wird, wäre es eine zutiefst deprimierende Vorstellung, an einem Radrennen teilzunehmen. Denn es gäbe keine Gelegenheit mehr, sich hervorzutun, was doch die Essenz des Sports und das Salz des Lebens ist. Es gäbe keine taktischen Coups mehr, keine verrückten Attacken, keine Aktionen, die unsinnig wirken, aber manchmal die Situation wunderbar auf den Kopf stellen. Es gäbe keine Glanzleistung mehr. Nie hätte der FC Barcelona das Spiel im Achtelfinale der Champions League

2017 drehen können, denn statistisch gesehen hatte sich Paris Saint-Germain nach dem 4:0-Sieg im Hinspiel bereits zu hundert Prozent für die nächste Runde qualifiziert. Tadej Pogacar hätte nie gegen alle Erwartung die Tour de France 2020 im abschließenden, von ihm dominierten Zeitfahren kippen können. Und wenn man schließlich die Anweisung aller sportlichen Leiter beim Wort nähme, die *alle* von ihren Fahrern über den Teamfunk verlangen, »am Fuß des schmalen Anstiegs bei Kilometer 125 *unbedingt* unter den ersten zehn« zu sein, dann gäbe es noch erheblich mehr und schlimmere Stürze, als wir sie jetzt schon beobachten.

Anstatt der klassischen statistischen Logik sollten wir eher das Kontraintuitive akzeptieren, so wie es die allgemeine Relativitätstheorie oder die Quantentheorie schaffen, die unsere eingefahrenen Gewissheiten auf den Kopf stellen und Singularitäten ins allgemeine Theoriegebäude aufnehmen. Lieber Tex Avery als Disney: Das Unkonventionelle oder gar Absurde statt Norm und Ordnung!

Auch wenn vorgeblich das freie, rationale Individuum im Mittelpunkt steht, berücksichtigt das demokratische System den Einzelnen nicht und verschmilzt ihn mit der Allgemeinheit, der Partei, der Bewegung. Man geht von dem Ergebnis aus, das man erreichen will, nämlich ein System, in dem jeder ein Mitspracherecht hat, und dann formt man jedes Mitglied der Gruppe gemäß diesem Ziel, ohne zu zögern, dafür die tiefsten Überzeugungen des Einzelnen zu manipulieren. Doch eigentlich sollte das System das Ziel und nicht der Ausgangspunkt sein. Es sollte von den Individuen ausgehend geformt werden und nicht diese von ihm.

*

Die strukturelle Schwäche der Demokratie kommt derzeit ans Tageslicht. Weil die Informationsverbreitung überhandnimmt, wird es mir unmöglich, zu glauben, *ich sei das Volk* oder meine Stimme habe eine universelle Wirkung. Unsere heutigen demokratischen Ordnungen bestätigen eine Gesellschaftslüge, die sie aufheben wollten. Wir sehen deutlich die Hindernisse, mit denen sie konfrontiert sind. Trump, Bolsonaro, der Brexit usw. – viele Wahlereignisse, die man bedauert, die aber dennoch eingetreten sind. Sie zeigen Grenzen kollektiver Intelligenz auf, genau wie es ein Radrennfahrer im Peloton täglich erlebt: Wie viele Verpackungen werden rund um mich bedenkenlos in die Natur geworfen, weil man in der Hektik des Rennens und inmitten der großen Fahrermeute verantwortungslos wird? Wie oft beobachtet man kreuzgefährliche Aktionen auf einer Abfahrt oder vor einem Sprint, nur um einige Positionen gutzumachen, weil der Adrenalinüberschuss im Schwarm des Pelotons alle Vorsichtsregeln vergessen lässt? Angesichts der Gruppendynamik und der Impulse, die sie anstachelt, schwindet das Verantwortungsbewusstsein.

Unsere Demokratie ist ausgehöhlt, weil die Menschengruppen mittlerweile so groß sind, dass Individualität in ihnen keinen Platz mehr findet, während sich in einer paradoxen Gegenbewegung gleichzeitig jeder für einzigartig und etwas Besseres hält und dabei verlernt, sich in ein Kollektiv einzufügen. Der Informationsüberfluss hat die Völker der Erde derart überschwemmt, dass sie nicht mehr wissen, wo sie sich als kollektive Einheit verorten sollen; Nationen sind nur mehr eine Häufung von Individuen, denen paradoxerweise jegliche Individualität abhandengekommen ist.

Die Schwächen des modernen Sports und seine Verwundbarkeit sind Indikatoren der Übel der demokratischen Gesellschaft im Allgemeinen. Die Überinformation und der Wunsch nach totaler Kontrolle haben sich auch des Feldes des körperlichen Ausdrucks bemächtigt. Bei Radsportveranstaltungen gibt es keinen ersten Angreifer mehr, kein Fahrer gibt sich mehr der Illusion hin, er allein könne ein Rennen umdrehen; man glaubt nicht mehr an den Überraschungseffekt, an die Möglichkeit der Einzigartigkeit. Alles wird vorhersehbar, eintönig und repetitiv.

2018 nahm ich an meiner zweiten Tour de France teil. In der ersten Woche führte der Parcours von West nach Ost durch den Norden Frankreichs, von der Vendée über die Bretagne zu den Pavés des Nordens. Kurzum: wenig Höhenmeter, viele Sprintankünfte … und jede Menge Langeweile! Auf manchen Etappen sah man keine einzige Ausreißergruppe, nicht einmal den Versuch einer kleinen, symbolischen Offensive für den Preis des kämpferischsten Fahrers, der mageren Belohnung für die Ritter des Unmöglichen. Wir spulten plaudernd in gemächlichem Trab die Kilometer ab. Tat jemand so, als attackiere er, lachten wir nur – natürlich fehlte ihm dazu die Erlaubnis. Jede Mannschaft hatte einen Fahrer fürs Gesamtklassement und einen Sprinter, der die Etappen gewinnen sollte, alle anderen waren angehalten, sie zu schützen, ohne sich aufzusplittern.

Wie bei einer Rallye im Automobilrennsport fuhren wir praktisch nur »*Liaisons*« zwischen zwei »Wertungsprüfungen«, machten in gemessenem Tempo Strecke und warteten brav bis zur Stunde des finalen Aufgalopps – und ein paar Tage später dann auf die Berge.

Es steht mittlerweile so viel auf dem Spiel, dass man nichts mehr dem Zufall überlassen will; daher auch das wachsende Vordringen der Wissenschaft in den Bereich des Sports, was nach und nach dazu beiträgt, die Verrücktheit, die mit der Frühzeit des modernen Olympismus verbunden war, abzutöten. Diese Besessenheit, alles und jedes vorausdenken und -planen zu wollen, die Verdammung des Unvorhergesehenen können zu den Auswüchsen führen, die der Sport heute erfährt, ein zunehmend aseptisches, hyperprofessionalisiertes Universum, das vom Geld beherrscht und von Korruption und Doping verfälscht wird. Das Schauspiel ist traurig, die Teilnehmer unglücklich – aber wem macht das etwas aus? Es geht vor allem darum, das Resultat zu *sichern*. So lässt sich auch die *Omertà* erklären, die die Frage des Dopings im Radsport der 1990er bis 2000er Jahre umgab: Man wollte die Gesellschaft des Pelotons lieber um jeden Preis zusammenhalten – selbst auf Grundlage von Lug und Trug –, als deren Explosion und damit die Freisetzung unkontrollierter Singularitäten zu riskieren...

Sehr zu unserem Glück hat sich die Situation heute geändert. Betrug ist nicht mehr die Norm. Der Wunsch nach Kontrolle aber besteht fort. *Big Brother* bittet uns nicht mehr zu schweigen, er begnügt sich auch nicht damit, uns zu beobachten; heute spricht er mit uns und gibt seine Befehle in Echtzeit durch. »Haltet die Fluchtgruppe auf drei Minuten Abstand«; »Achtung Seitenwind«; »Attacke!«... Die Anweisungen über den Teamfunk häufen sich. Auch wenn man die Bedeutung dieses Werkzeugs nicht überschätzen sollte, kann es die Vermutung nahelegen, wir Radrennfahrer seien inzwischen ferngesteuert. Wattmessgeräte, Windkanaltests, Ernährungs-Apps... Alles ist millimetergenau abgezirkelt.

Mein gesamter Alltag ist Radsport. Ich schlafe Radsport, ich esse Radsport. Jeden Tag muss ich meinen Aufenthaltsort an ADAMS durchgeben, das berühmt-berüchtigte Tracking-System, das meine Daten für mögliche Dopingkontrollen sammelt. Jeden Morgen weiß ich, dass man mich für einen unangekündigten Dopingtest wecken kann. Für Spontanes ist kein Platz: Wenn ich an der Reihe bin, muss ich mich am vorher angegebenen Ort aufhalten.

Ich habe diesen Einschränkungen selbstverständlich zugestimmt. Mir ist bewusst, dass sie die Bedingung für die freie und ehrliche Ausübung meines Sports auf hohem Niveau sind. Ich liebe auch das ständige Streben nach Leistungssteigerung, dieses Rennen nach dem kleinsten Detail, das mich besser macht. Es stimuliert mich. Doch gleichzeitig verängstigt es mich. Von Messinstrumenten umzingelt, die unsere Aktivitäten auf dem Rad optimieren sollen, indem sie alles und jedes in Daten und Zahlen übersetzen, verlieren wir das Wesentliche: Vergnügen und Instinkt.

Angesichts dieser Logik der Kontrolle besteht die Herausforderung darin, etwas von der ursprünglichen Magie des Sports zurückzugewinnen. Der allzu oft durch Technologie enteignete oder von ökonomischen Interessen überforderte Athlet muss wieder spielen lernen, wie das Kind auf seinem ersten Fahrrad mit Stützrädern oder mit seinem Ball. Und genauso muss sich auch der Bürger die Gesellschaft wieder aneignen, die er bewohnt – und sie nicht nur erdulden. Es gilt, sich seinen Platz unter den anderen zu schaffen, statt ihn zugewiesen zu bekommen.

Das Finale: Mit sich spielen, mit den anderen spielen

»Denn für das, was Vielen gehört, wird am wenigsten gesorgt, vielmehr denkt Jeder mehr auf das Eigne und weniger auf das Gemeinsame, soweit es nicht die Einzelnen berührt.«

ARISTOTELES[1]

Das fundamentale Problem liegt darin, dass das Wohl jedes Einzelnen nicht das kollektive Wohl ist und beide oft sogar miteinander konkurrieren. Die mit Information gesättigte Demokratie hat beim Einzelnen die Vorstellung eigener Allmacht entstehen lassen. Er ist von seiner Stärke so überzeugt, dass er keines seiner Rechte eingeschränkt bekommen will - was ihn *in fine* unfähig macht, sich an ein echtes Gemeinsames zu binden.

Bei den Fahrern des Pelotons verhält es sich genauso. Sehen wir uns das Verhalten des großen Feldes kurz vor einer Streckenverengung an. Die objektive Analyse der Situation geböte es, die Stelle in Ruhe und geordnet zu passieren, einer nach dem anderen, so dass das Sturzrisiko minimiert wird und der Gefahrenpunkt ohne jegliche Konsequenz für den Verlauf des Rennens bleibt. Stattdessen kämpft jeder verbissen darum, die Engstelle

1. *Politik*, Buch 2, Kapitel 3.

als Erster zu erreichen, und provoziert so den Unfall, den es zu vermeiden galt.

Zu Beginn der Tour de France 2021 gab es auf den ersten Etappen eine Menge Massenstürze, was immerhin spektakulär war. Man beschuldigte die Organisatoren, zu schmale Straßen gewählt zu haben. Man verdächtigte das neue Material, die reaktionsschnellen Scheibenbremsen, die keine Fehler verzeihen. Man deutete sogar an, die heutige Rennfahrergeneration sei weniger geschickt als frühere.

Ich glaube, der Fehler war vor allem menschlicher Natur. Wir sind alle gleich: Beurteilen wir eine Situation, die wir nicht beeinflussen können, aus neutraler Position und über den Dingen stehend, dann bleiben wir objektiv und überlegen uns, wie für eine größtmögliche Zahl an Personen der größte Nutzen erreicht werden könnte. Doch dieses Vorgehen, das man »konsequentialistisch« nennen könnte, erweist sich, obwohl es zu den besten Resultaten führt, in der Praxis sofort als wertlos, sobald wir wieder Teilnehmende sind und nur die entfernteste Möglichkeit eines individuellen Vorteils winkt. Niemand will stürzen. Im Teambus vor dem Start fürchtet jeder die spannungsgeladenen Momente, die sich unweigerlich ergeben, sobald sich die Startflagge senkt. Während des Rennens spricht man mit Gegnern und kritisiert *die anderen*, die zu hohe Risiken eingehen, immer an der Spitze des Feldes bleiben wollen und deshalb Stürze provozieren. Dann aber kommt ein etwas heiklerer Streckenabschnitt, und schon kämpfen wir – ganz unbewusst – darum, die gute Position im Peloton zu behaupten, und reiben die Ellenbogen mit genau dem Fahrer, mit dem wir eben noch so nett geplaudert haben. Wir sind wieder dieser andere geworden, der mit dem aggressiven Temperament, und tragen selbst aktiv dazu bei, die uns so verhasste Anspannung aufzubauen.

Wenn ich mich über einen Konkurrenten ärgere, der mich in der Kurve geschnitten hat, tue ich es ihm in der nächsten gleich. In ähnlicher Manier wechseln wir mit dem Kassierer an der Supermarktkasse ein paar freundliche Worte, nachdem wir uns kurz zuvor noch über die trödelnden Rentner vor uns in der Schlange ärgerten, die eine Ewigkeit zum Bezahlen brauchten. Es gibt ja keinen Grund, warum wir uns nicht auch ein bisschen Zeit gönnen sollten. Mit dem Auto wechseln wir im Stau ständig zwischen den Fahrspuren, obwohl wir genau wissen, wie kontraproduktiv das ist. Unser unwiderstehliches Bedürfnis, so schnell wie möglich der Schlange zu entkommen, macht sie nur noch länger...

Jeder Radrennfahrer weiß, dass er allein gegen eine organisierte Gruppe nichts ausrichten kann. Im Mannschaftsverbund zu fahren, ist eine Notwendigkeit. Radsportleralltag sozusagen. Es reicht, ein Peloton während einer gewöhnlichen Rennphase aus der Luft zu beobachten, um das festzustellen. Die Formationen sortieren sich nach Farben und sind damit im Fall des Falles bereit zu handeln, wenn es gilt, den Sprinter vor einer Massenankunft richtig zu platzieren oder den Kapitän bei einer Bergetappe in den Schlepptau zu nehmen. Die Ordnung wird beibehalten, bis irgendetwas aus den üblichen Mustern ausschert. Schon eine leicht abweichende Situation löst die schönen Formationen auf. In einer panischen Rennsituation bin ich der Erste, der versucht, die Situation auf eigene Faust wieder geradezubiegen, obwohl ich genau weiß, dass ich lieber warten und mich mit meinen Mannschaftskameraden zusammenschließen sollte.

Natürlich geht dabei ein wenig Zeit verloren, gemeinsam kann man aber später die Blutung umso besser stillen.

Schon mit siebzehn als Juniorenfahrer konnte der Wahnsinn des Rennens mir alle Chancen rauben. Ich hatte die erste Etappe der Friedensfahrt gewonnen, eines internationalen Radrennens in Tschechien, an dem ich in den Farben der französischen Mannschaft teilnahm. Am Folgetag startete ich also im Gelben Trikot des Gesamtführenden, eine für mich völlig neue Situation. In einer schwierigen Abfahrt, auf der meine Gegner alles unternahmen, um mich zu distanzieren, beging ich in der Verfolgung einen Fehler und stürzte. Ich war zu aufgeregt. Ich hätte die Situation objektiv abschätzen sollen und mich nicht verrückt machen dürfen, ich hätte sauber die Kurven in meinem Tempo nehmen und mir sagen müssen, ein paar Radlängen Rückstand am Ende der Abfahrt seien kein Drama, denn meine Mannschaftskameraden standen ja bereit, alles wieder in Ordnung zu bringen. Ach, wenn wir nur Vernunftwesen wären…

Der Gipfel ist ja, dass ich mir meines Irrtums und der Unlogik meines Tuns völlig bewusst bin, während ich mich in eine waghalsige Einzelaktion stürze, bei Abfahrten mit dem Sturz flirte oder attackiere, um allein einen Rückstand von einer Minute auf zehn Mann zuzufahren – so, als würde ich vor mir einen Abgrund entdecken und beschließen, mich bewusst hinunterzustürzen. Dabei genieße ich durchaus den Ruf einer besonnenen Persönlichkeit, eines »philosophischen« Charakters. Doch von einer höheren Kraft gesteuert, stürze ich mich in eine sinnlose Schlacht. Das Adrenalin macht mich kopflos. Ich bin dann nicht mehr in der Lage, so zu handeln, wie es meinem eigenen Urteil nach zielführend wäre.

Diese Erfahrung lässt sich auf unser Alltagsleben übertragen. Auch wenn wir eine hohe Meinung von der Rolle und Wirkung unserer Institutionen haben, ist die Versuchung dennoch groß, die Lücke zu nutzen, sobald ihnen ein Fehler unterläuft. Wenn im Kriegsfall ein Machtvakuum entsteht, manövriert sich jeder auf eigene Faust heraus, statt mit anderen Solidarität zu üben und der kollektiven Intelligenz zu vertrauen. Daher entwickeln sich die Kanäle im Untergrund, der Schwarzmarkt, Diebstahl usw., gerade dann, wenn man erst recht zusammenhalten sollte.

Mit der Schwäche unserer Ratio und unserer Unfähigkeit, uns zu einem wirklichen Gemeinwesen zu verbinden, lässt sich auch unsere fatale Untätigkeit im Angesicht der Dringlichkeit der Klimafrage erklären. Wir sind uns ihrer immerhin *bewusst*: Man müsste sich verständigen, kooperieren, etwas Gemeinsames für unser Überleben und unseren Wohlstand tun, nicht nur als Gruppe, sondern auch als Einzelner; denn wenn wir auf der derzeitigen Bahn weitermachen, erwartet uns eine Welt mit erheblichen Einschränkungen unserer Lebensqualität. Doch im Wissen um diese Lage folgen wir dennoch unbeirrt dem Weg in die Selbstauslöschung.

Wie viele von uns ärgern sich über unsere Ohnmacht, etwas zu unternehmen, um den Anstieg der Erderwärmung – und damit den Lauf der Geschichte – zu beeinflussen und wieder in den Griff zu bekommen, und bleiben doch dem gewohnten Alltagskomfort verhaftet? Wie viele demonstrieren fürs Klima und fahren SUV? Der Konflikt zwischen Wissen und Handeln ist offener und heftiger denn je entbrannt. Das Wesen des Menschen ist voller Inkohärenz: Wir wissen, wie wir uns eigentlich verhalten müssten, aber um der sofortigen persönlichen Bedürfnisbefriedigung willen verschließen wir die Augen davor. Auf lange Sicht wird uns das teuer zu stehen kommen; doch Dinge, die noch in weiter Ferne liegen oder andere betreffen, kümmern uns nicht. Das ist es, was mit dem Begriff »Tragik der Allmende«[1] umschrieben wurde: In einer Welt der begrenzten Ressourcen tun wir so, als seien diese unerschöpflich oder stünden ausschließlich uns zur Verfügung.

Wir trotten sehenden Auges in unser eigenes Verderben, wie eine Radmannschaft, die von den unkoordinierten Einzelaktionen einiger ihrer Fahrer zerlegt wird – oder wie eine Fluchtgruppe, deren fehlender innerer Zusammenhalt dafür sorgt, dass sie vom Peloton wieder eingeholt wird. Dabei wissen alle Ausreißer, dass die Grundbedingung ihres persönlichen Erfolgs darin besteht, dass die Gruppe bis zum Schluss zusammenarbeitet. Denn um gewinnen zu können, muss man überhaupt erst mal in die Position dazu kommen. Sicher bleibt ein Risiko dabei, sich völlig zu verausgaben, ohne die eigenen Pedalumdrehungen zu zählen, um das Wiederaufschließen des Pelotons zu verhindern: Aber statistisch gesehen liegt dieses Risiko – wenn jeder den gleichen Aufwand betreibt – bei vier von fünf oder fünf von sechs, was kein schlechter Wert ist. Kooperiert die Fluchtgruppe nicht, sinken ihre Erfolgsaussichten auf null. Eine streng

1. *Tragik der Allmende* – oder im Original *The Tragedy of the Commons* – ist der Titel eines Essays, den der britische Ökologe Garrett Hardin 1968 in der Zeitschrift *Science* veröffentlichte. Der Begriff der »Allmende«, der gemeinschaftlich bewirtschaftete Ressourcen bezeichnet, hat in den letzten Jahren dank des 1990 erschienenen Buchs *Governing the Commons* der Nobelpreisträgerin Elinor Ostrom an Bekanntheit gewonnen. (dt: *Die Verfassung der Allmende: Jenseits von Staat und Markt*. Mohr, 1999.)

mathematische Betrachtungsweise würde also dazu ermutigen, die Zusammenarbeit zur Regel zu machen. Stattdessen sehen wir meistens, wie Spitzengruppen sich am Ende wegen Unstimmigkeiten zerlegen, weil jeder Fahrer versucht, ein wenig Kraft »unterm Pedal« aufzusparen, damit er später im Finale der Frischeste ist.

Sie können sich vorstellen, wie ärgerlich und niederschmetternd eine solche Situation ist, wenn man mittendrin steckt! Man will nicht der Trottel sein, der blind für den Erfolg eines anderen geschuftet hat. Also regt man sich über den auf, der nur unwillig Führungsarbeit leistet, blufft ein wenig, versucht sich durch Attacken etwas abzusetzen – alles Aktionen, die nur die Spaltung verstärken und in einen Teufelskreis führen, dessen Urheber man bald nicht mehr kennt. Unweigerlich wird die Ausreißergruppe langsamer. Ohne wirklich gekämpft zu haben, holt das Peloton sie ein.

»Nicht mehr machen, als der, der am wenigsten tut«: Wie oft habe ich diese velosophische Maxime doch von meinen verschiedenen sportlichen Leitern gehört, die glaubten, sie seien Meistertaktiker, die vom System profitieren, während sie in Wahrheit nur dazu beitrugen, ein weitgehend suboptimales System zu schaffen! Wenn ich diese Anweisung beim Wort nähme und die übrigen Mitglieder der Fluchtgruppe nach der gleichen Logik handelten, käme die Gruppe zum Stillstand. Denn jeder würde sehen wollen, welcher Fahrer wohl die wenigste Arbeit leistet – und in gegenseitiger Beobachtung täte niemand mehr einen Pedaltritt.

Genauso unproduktiv, um nicht zu sagen unmenschlich, wäre es aber, nur an den gemeinsamen Erfolg zu denken. Man muss also einen Weg finden, dass die Mitglieder der Ausreißergruppe zusammenarbeiten, ohne sich selbst zu verleugnen.

*

Ein Ausgangspunkt, um sich mit derartigen Fragen auseinanderzusetzen, kann die Spieltheorie sein. Diese geht davon aus, dass Menschen rationale Wesen sind, die versuchen, mit ihren Handlungen den eigenen Nutzen zu maximieren. Das »Gefangenendilemma« ist hierfür das bekannteste Beispiel. Es beschreibt die Lage von zwei Komplizen einer Straftat, die der Richter zum Geständnis bewegen will. Dafür bietet er ihnen folgenden Handel an (wobei die beiden Komplizen nicht untereinander kommunizieren können): Sie erhalten jeder eine Strafe von je einem Jahr, wenn keiner gesteht. Jeder der beiden wird zu zehn Jahren Haft verurteilt, wenn beide gestehen. Und wenn der eine den anderen belastet, der andere aber nicht, so erhält der Erste seine Freiheit und der Zweite muss für zwanzig Jahre hinter Gitter.

Das optimale Ergebnis des Dilemmas käme für die Komplizen zustande, wenn beide schweigen. Keiner der Übeltäter könnte ein besseres Ergebnis erreichen, ohne seinem Komplizen zu schaden. Beide würden dann zu einer einjährigen Haftstrafe verurteilt.[1]

Die Mitglieder einer Ausreißergruppe im Radsport befinden sich in vielerlei Hinsicht in einer ähnlichen Situation wie die bei-

1. Diese Situation stellt das sogenannte »Pareto-Optimum« dar, benannt nach einem italienischen Ökonomen des ausgehenden 19. und beginnenden 20. Jahrhunderts, der über die optimale Ressourcenverteilung eines Staats forschte.

den Gefangenen. Ihr Dilemma lautet: 1) Entweder fahre ich am Limit und begünstige den Sieg eines Gegners, der seine Kräfte einteilt; 2) oder ich spare mir selbst Kraft fürs Finale auf, gehe dabei aber das Risiko ein, dass die Gruppe vom Peloton eingeholt wird. Die ideale Lösung wäre selbstverständlich, dass sich die Ausreißer stillschweigend darauf einigen, bedingungslos und ohne Hintergedanken zusammenzuarbeiten, um dem gemeinsamen Interesse bestmöglich zu dienen – und dann auf den letzten Kilometern ganz regulär ermitteln, wer von ihnen der Stärkste ist.

Es wäre ebenfalls rational, wenn die Bewohner eines Planeten, dessen globale Temperatur steigt, gemeinsam gegen diesen Temperaturanstieg kämpfen – auch wenn das ihren Wohlstand kurzfristig verringern sollte –, weil das Gemeinwohl auf dem Spiel steht.

Nur ist Gemeininteresse nicht gleich Eigeninteresse. Weil sie das Gute für den Lockruf des Besseren aufgeben könnten, kommen die Gefangenen in Versuchung, den anderen zu belasten. Denn der Gedanke, der andere würde sich anders verhalten, stellt dem Verräter in diesem Fall seine sofortige Freilassung in Aussicht. Da sie sich beide gegenseitig belasten, werden sie jeweils zu zehn Jahren Gefängnis verurteilt – eine Strafe, die weitaus weniger erstrebenswert ist als jene, die ihr stillschweigendes Einvernehmen zur Folge gehabt hätte.[1]

Die Fahrer einer Ausreißergruppe sind wie diese Gefangenen: Statt zu kooperieren, um alle in die Position für einen möglichen

1. Es handelt sich dabei um das »Nash-Gleichgewicht« des Problems, einen zentralen Begriff der Spieltheorie, den der amerikanische Mathematiker und Ökonom John Nash entwickelt und beschrieben hat.

Sieg zu kommen, zaudern sie, teilen sich ihre Kräfte ein, hoffen auf die Arbeit der anderen und verlieren am Ende doch alles, weil das Peloton sie wieder einholt.

Ebenso wenig wie andere menschliche Aktivitäten ist Sport eine Sache des Verstandes. Er beruht auf subjektiven, emotionalen Kriterien wie Angst und Zuversicht.[1] Das Thema Klimawandel macht da unglücklicherweise keine Ausnahme. Unser Haus brennt und wir warten darauf, dass der Nachbar das Feuer löscht. Wir setzen unser Leben in gewohntem Komfort fort und sagen uns, die notwendige Gemeinschaftsarbeit könne warten. Alle halten wir uns für schlauer als die anderen und hoffen, vom System zu profitieren, ohne für dessen Aufrechterhaltung persönliche Opfer bringen zu müssen.

Das Schockierendste an dieser Haltung: Sie ist in sich keineswegs irrational. Es ist nicht widersinnig, die Schrecken der Zukunft zu kennen (der Ausreißversuch scheitert, wenn keine Einigkeit herrscht; die Welt läuft auf den Abgrund zu, wenn wir mit demselben Wachstumsmodell weitermachen), ohne etwas dagegen zu unternehmen. Es ist nicht unlogisch zu sagen: »Nach mir die Sintflut.« Denn warum sollte man seine persönlichen Interessen opfern, wenn für uns das Wichtigste die eigene Person ist? Das sind Fragen, die ich mir als Rennfahrer oft gestellt und auf die ich möglicherweise keine zufriedenstellende Antwort gefunden habe.

---

1. Ein anderes Beispiel: Wie reagiert der einzelne Aktionär auf einen Börsencrash? Er versucht, so schnell wie möglich seine Aktien zu verkaufen, und beschleunigt so den allgemeinen Kursverfall. Objektiv gesehen jedoch hätte jeder besser einfach den Kopf einziehen, seine Aktien halten und geduldig auf bessere Tage warten sollen.

Was *rechtfertigt* denn, meine eigenen Chancen hintanzustellen und eine Mannschaftsorder zu befolgen, die mich eindeutig benachteiligt? Oder – was auf dasselbe hinausläuft – was berechtigt mich als Kapitän, meinen Mannschaftskameraden Befehle zu geben? Ich kann mich nur auf den konsequentialistischen Imperativ stützen, der anordnet, zum Erreichen eines gegebenen Ziels die bestgeeigneten Mittel anzuwenden. Doch auch dieser Imperativ entbehrt jeder Grundlage: Warum jenes Ziel und nicht ein anderes? Warum muss das Wohl der Gruppe bevorzugt werden und nicht *mein eigenes*? Die Gründe des Herzens sind womöglich nicht die des Geistes; sie sind darum aber nicht weniger wert.

Demokratische Systeme beruhen auf dem Postulat, dass die Bürger sich von Natur aus in den Dienst des Kollektivs stellen. Man kann ihre Hilflosigkeit verstehen. Der Glaube an ein utilitaristisches Modell – das davon ausgeht, einzelne Subjekte könnten eine allgemeine Perspektive einnehmen und träfen von diesem Standpunkt aus frei die Wahl ihrer Handlungen zum Wohl der Allgemeinheit – ist eine trügerische Hoffnung, die nur enttäuscht werden kann. Auch wenn es stimmt, dass das Buch der Natur in der Sprache der Mathematik geschrieben ist, ist die Welt der Menschen keine Sache der Berechenbarkeit. Genau wie Radrennfahrer folgen auch gesellschaftliche Akteure nicht den Regeln theoretischer Übereinkünfte; sie wägen nicht wohlüberlegt das Für und Wider ab oder schätzen Wahrscheinlichkeiten in langfristiger Perspektive ein. Wer das glaubt, bringt sich um viele Siege.

*

Wenn man genauer hinschaut, durchzieht das Problem der Beziehung zwischen dem Einzelnen und dem Universellen die gesamte Geschichte der Philosophie seit ihren Anfängen. Schon bei Platon, der die Realität als die ewige Welt der Ideen und der intelligiblen Formen definierte, handelte es sich um ein größeres Problem: Wie können die sinnlich wahrnehmbaren Gegenstände, die uns umgeben und die wir unmittelbar erfahren, mit der Welt der Ideen koexistieren und an diesen Ideen *teilhaben*? Wie lässt sich eine Beziehung herstellen zwischen einem Bett und dem Konzept eines Bettes oder zwischen einer gerechten Tat und dem Prinzip Gerechtigkeit?[1] Philosophie ist aus der Bewusstwerdung dieser unmöglichen, aber notwendigen Verbindungslinie zwischen dem Individuellen und dem Allgemeinen entstanden.

Fast alle Philosophen haben sich früher oder später mit dieser Fragestellung auseinandergesetzt. Für einen Teil von ihnen, so auch Platon, ist es das Wissen, das es uns ermöglicht, aus unserem beschränkten Zustand des Menschseins hinauszuwachsen, um auf eine höhere Stufe der tieferen Einsicht zu gelangen. Für andere, so wie Schopenhauer, ist es die Kunst als »freie« Erfahrung, die das unerbittliche Mühlrad des Lebenswillens durchbricht, das unsere bloße biologische Existenz kennzeichnet.[2] Für wiederum andere, unter anderem Kant, ist die Moral als Instanz von universaler Gültigkeit dasjenige, was unseren Wert über uns selbst hinaus unendlich erhöht.[3]

---

1. Siehe dazu z. B. *Parmenides* von Platon.

2. Arthur Schopenhauer, *Die Welt als Wille und Vorstellung*, Brockhaus, 1819.

3. Immanuel Kant, *Grundlegung zur Metaphysik der Sitten*, 1785. Hier findet sich diese Formulierung des kategorischen Imperativs: »Handle nur nach der Maxime, von der du zugleich wollen kannst, dass sie ein allgemeines Gesetz werde.«

Sind diese Lösungsansätze überzeugend? Aus theoretischer Sicht bestimmt. Doch sind sie nicht zugleich zu vollkommen, um auf das reale Leben angewandt zu werden? Wenn Philosophen die Macht des Wissens, der Kunst oder Moral preisen, sagen sie sich von der Stofflichkeit des Menschlichen los. Ihre Maßlosigkeit – die auch ihre Größe ausmacht – besteht darin, vom Universellen auszugehen und dabei das Primat des Einzelnen zu vergessen. Individualität wird so zurechtgebogen, dass sie sich nahtlos ins gedachte System fügt. Das Subjekt wird je nach Zieldefinition geformt. Das ist schön, intellektuell vollendet, mutet aber auch ein wenig künstlich an, ohne Bezug zu dem, was am Menschen das eigentlich Außergewöhnliche ist, nämlich seine körperliche Anwesenheit in der Welt.

Es müsste gelingen, eine solche Betrachtung nicht vom überhöhten Standpunkt aus vorzunehmen, sondern in Bodennähe, auf Augenhöhe, auf Höhe von Laufrädern, Atmung, Individuum. Die Untersuchung menschlicher Beziehungen sollte nicht aus makrokosmischer Perspektive erfolgen, wo ein Peloton nur als unförmige Menge erscheint und die Gesellschaft lediglich als Block wahrgenommen werden kann, sondern auf zwischenmenschlicher Ebene. Im Fokus sollte die Beziehung zwischen zwei Singularitäten stehen (wobei diese Beziehung in erster Linie eine Auseinandersetzung ist, ein Wettbewerb, weil zur Behauptung von Macht nun mal Rivalität herrscht). Stellen wir uns zum Beispiel zwei Radrennfahrer Seite an Seite vor. Machen wir daraus einen weniger trivialen Fall: Denken wir uns, das Leben der beiden Athleten stünde hier auf dem Spiel. Die Auseinandersetzung wäre von maximaler Intensität und Heftigkeit; wer als Erster nachgibt, wer auch nur eine halbe Radlänge zurückfällt, wird sich unterwerfen müssen und zum Helfer des anderen erklärt. Wer bremst, weil eine Gefahrenstelle naht, eine Kurve oder Straßenverengung, hat ebenfalls Schwäche bewiesen. Dieses Radrennen ist ein Existenzkampf, also ein Kampf um die Behauptung der eigenen Macht.

Diese Konstellation findet ihre Analogie in der Anfangsbeschreibung der Dialektik von Herr und Knecht, die Hegel in der *Phänomenologie des Geistes* entwirft, bei der zwei Geisteshaltungen sich um ihrer Anerkennung willen bis auf den Tod bekämpfen. Einer der Kontrahenten gewinnt schließlich; einer der beiden Rennfahrer schwächelt und gibt auf oder bekommt es vor der Gefahrenstelle mit der Angst zu tun.

Der Sieger triumphiert und lässt sich zum Herrn erklären. Aber er tötet seinen Konkurrenten nicht. Denn er braucht einen Gegenspieler, der ihn in seinem Wert bestätigt. Das ist der Besiegte. So wird das beschriebene Räderwerk der hierarchischen Gesellschaft aus der Rivalitätsbeziehung zweier Individuen heraus in Gang gesetzt. So entsteht eine Gesellschaft der Lüge, in der erst einzelne Wesen und dann einzelne Klassen sich selbst als Überlegene oder Unterlegene definieren – und in der die Ersten folglich die Zweiten arbeiten lassen, die ihrerseits ihre Knechtschaft akzeptieren, weil diese für sie gleichbedeutend mit Überleben und Sicherheit ist.

Der Herr ist der, der sein Leben aufs Spiel setzt. Er hat dem größten Druck standgehalten, hat sich körperlich am stärksten eingebracht, ist aber auch der, der am meisten zu verlieren hat und der Gefahr am ehesten ausgesetzt ist. Er hat das Privileg, zu bestimmen. Doch der Besiegte, der Diener, genießt ebenfalls seine Privilegien: eine gewisse Form von Komfort, die

Abwesenheit von Verantwortung und die Gewissheit, nicht zu sterben.

Allem Anschein zum Trotz ist die Position des Dominierten (und wer wollte bei vollem Verstand ein Geknechteter sein?) in gewissen Punkten vorteilhaft, denn paradoxerweise kehrt sich die Position der Abhängigkeit allmählich zu seinen Gunsten um. Ja, es stimmt: Genau wie der Kapitän eines Radsportteams ohne die Hilfe seiner Mannschaftskollegen gegen die Stärke des Pelotons oder organisierte Mannschaften machtlos ist, vermag auch der Herr nichts ohne den, der für ihn arbeitet. Ein einfacher Mannschaftsfahrer, ein Helfer, ist dagegen für sein Überleben nicht auf einen Kapitän angewiesen. Man kann ihm nicht das Geringste vorwerfen, wenn der Siegfahrer, für den er arbeitet, das Rennen aus irgendeinem Grund aufgibt. Er wird weiter seinen Weg machen, vielleicht sogar von der Situation profitieren und seine eigene Karte ausspielen. Umgekehrt ist ein Kapitän ohne jede Teamunterstützung aller Möglichkeiten beraubt. Er könnte mit seinen direkten Konkurrenten nicht mithalten. Mehr noch: Ein Kapitän braucht seine Mannschaftskameraden, um aufgewertet zu werden. Wenn diese Anerkennung nicht mehr da ist, wenn sich Misstrauen einschleicht, verliert er mangels bewundernder Augen seinen Status. Ein König ohne Untertanen ist ein bemitleidenswertes Geschöpf.

Bei einem Radrennen muss man außerdem wissen, dass ein Kapitän die meiste Zeit abwartend, untätig und vom Renngeschehen losgelöst im warmen Schoß des Pelotons verbringt, gut von seinen Kameraden beschützt, die ihn mit Trinkflaschen und Informationen versorgen und aus dem Wind halten. Letztere sind dagegen höchst beschäftigt: Bidons müssen vom Mannschaftswagen geholt werden, Abstände zu Ausreißergruppen in Erfahrung gebracht und verringert werden... Wenn der Kapitän des Teams schließlich in Aktion tritt, sind meist nur noch wenige Kilometer zurückzulegen, für einen Sprinter sogar nur ein paar hundert Meter. Nach und nach hat sich der Kapitän voll und ganz auf diese Momente spezialisiert, die zwar rennentscheidend sind, aber im Großen und Ganzen auch recht identisch. Darüber vergisst er die ganze Vielfalt des Rennens, die vielen technischen und taktischen Aspekte, aus denen es besteht und mit denen seine Teamkollegen permanent zu tun haben – Teamkollegen, die im Zuge dessen ihrerseits ständig dazulernen, die Palette ihrer Fähigkeiten erweitern, während der, für den sie arbeiten, in einer zwar einzigartigen, aber beschränkten Rolle stagniert. In dem Maße, in dem sein Status bestätigt wird, verengt sich sein Aktionsradius: Der Kapitän verlernt, ein Rennen allein zu bestreiten, so sehr ist er es gewohnt, am Hinterrad seiner Helfer zu bleiben und erst im allerletzten Moment in Erscheinung zu treten. Umso größer wird sein Fall sein, sollte er sich eines Tages ohne seine wertvollen Diener wiederfinden.

Der Herr ist von seinem Knecht abhängig geworden. Das Beherrschungsverhältnis hat sich umgekehrt. An seine Stelle ist eine Form von Gleichheit getreten, die aber nicht die universelle, arithmetische Gleichheit der demokratischen Gesellschaft ist. Vielmehr handelt es sich um ein dynamisches Gleichgewicht, ein fortwährendes Auspendeln der asymmetrischen Beziehungen, die sich im Verlauf der Geschichte strukturell ausgleichen – einer dialektischen Geschichte, die stark dem Radrennsport ähnelt, wo das Weniger in sich den Keim des Mehr trägt, wo Niederlagen gleichbedeutend mit zukünftigen Erfolgen sind und Siege die Vorboten einer schlechten Zeit.

Für Hegel liegt der Ausgang dieser Dialektik in der Versöhnung der beiden Bewusstseine in Gestalt des Staates. Dieser verfügt Reziprozität zwischen seinen Bürgern; eine gegenseitige Anerkennung entsteht. Der ursprüngliche Egoismus ist überwunden, das Universelle ist erreicht.

Aber liegt so etwas tatsächlich im Bereich des Menschenmöglichen? Wenn Geschichte gemacht wird, geschieht das ohne unser Wollen. Ein Radrennfahrer denkt nicht an sein Palmarès, wenn er im Finale eines berühmten Rennens kämpft; er will einfach nur gewinnen, hier und jetzt. Ihm ist auch nicht bewusst, dass er am Aufbau einer Institution teilnimmt – der Gemeinschaft der Radsportler, in der eine gegenseitige Wertschätzung möglich ist, die durch die Einhaltung bestimmter unausgesprochener Codes garantiert wird. Das Peloton als Gesellschaft kann nicht ohne seine Mitglieder existieren; und dennoch kümmern diese sich in keiner Weise um das große Ganze, das sie unbewusst bilden.

Wir können uns, so wie wir sind, nur im Konfliktstadium des Wettbewerbs bewegen: Im unablässigen Kampf um Anerkennung und um Bestätigung unserer Macht vergleichen und messen wir uns ständig und entwickeln dabei Abhängigkeitsverhältnisse, die sich immer wieder umkehren – ohne dass wir uns dieses Prozesses überhaupt bewusst wären... Anstatt sich also auf eine höhere, aber unerreichbare Moral zu berufen oder in eine forcierte Nabelschau zu verfallen, die darin besteht, den anderen schamlos auszunutzen, müsste es darum gehen, so etwas wie einen authentischen Egoismus zu erschaffen.

*

Ethisch betrachtet besteht Egoismus darin, seiner instinktiven Intelligenz zu vertrauen. Diese gibt nicht vor, universell zu sein, und es handelt sich nicht um eine überlegene intellektuelle Kraft, die alles organisieren könnte, auch nicht um eine allen rationalen Wesen innewohnende Eigenschaft. Nein, es handelt sich um *meine* Intelligenz, meine spezifische Singularität, eingebettet im mir eigenen Umfeld. In diesem Sinne ist Egoismus die praktische Konsequenz der solipsistischen Überzeugung – ein kompliziertes Wort, um auszudrücken, dass die Welt immer nur *meine* Welt ist. Aus dieser Sicht, das muss man eingestehen, kann es keine allgemeingültigen Gesetze geben, die mein Handeln bestimmen, sondern nur ständige Improvisation von Fall zu Fall. Moral ist immer nur eine provisorische Angelegenheit.

Wenn ich im Finale einer Etappe alles für den möglichen Sieg gebe, kümmert mich die Organisation des Pelotons als Ganzes nicht mehr. Ich bin nur noch auf eine Sache fokussiert: Gewinnen. Völlig im Hier und Jetzt gefangen, löse ich mich von allen von außen auferlegten taktischen Zwängen. Ich entziehe mich den Anweisungen, die mir über den kleinen Hörer im Ohr übermittelt werden (und den ich übrigens oft rausreiße). Die üblichen Regeln, die die Bewegung eines Pelotons bestimmen, sind ausgehebelt. Ich bin wieder ganz auf mich selbst zentriert, sprungbereit, wie ein Raubtier, das nur noch auf den richtigen Moment wartet, um sich auf seine Beute zu stürzen, und taub gegenüber allen Ablenkungen, jeder objektiven Logik, ja, der Ordnung überhaupt.

2017 hätte ich die Toskana-Rundfahrt wahrscheinlich nicht gewonnen, wenn ich mich an die übliche Taktik gehalten hätte. Schon am Fuß des Schlussanstiegs griff ich an, auch wenn das

Radsportlehrbuch gebot, sich erst mal noch in der Gruppe zu verstecken, bis dann auf den finalen Kilometern die letzten Helfer ausscheren würden. Mein flämischer Sportdirektor ermahnte mich wiederholt über Funk: »*Rustig! Rustig!*« – »Ruhig! Ruhig!«. An diesem Tag aber spürte ich, dass die ausgetretenen Pfade verlassen werden mussten. Ich ging schon in den ersten Rampen zur Offensive über, ohne einen Gedanken daran, dass ich zu früh mein Pulver verschießen und alles verlieren könnte. Als Solist an der Spitze hatte ich den Vorteil, ein gleichmäßiges Tempo fahren zu können. Hinter mir belauerten sich die Favoriten Vincenzo Nibali und Egan Bernal – immerhin ein ehemaliger und ein zukünftiger Sieger der Tour de France – gegenseitig mit ständigen Tempowechseln. Immer wieder beschleunigten sie abrupt, um dann ebenso schlagartig wieder die Beine hochzunehmen. Als sie begriffen, welche Gefahr ich darstellte, war es zu spät. Ich war davongezogen, um zu gewinnen.

Wer in unserer heutigen Gesellschaft ist in der Lage, diesen instinktiven Teil von uns auszuleben, der uns alle antreibt und für den wir nichts können? Der Sport immerhin erlaubt es, wenn man ihn mit Intelligenz betreibt, eine gewisse Animalität zurückzugewinnen. Diese aber sollte nicht als die Rückkehr zum wilden, ursprünglichen Leben verstanden werden (das es nie gegeben hat), sondern vielmehr als *Resolidarisierung* mit der Erde und dem eigenen Selbst. In diesem Sinne ist der Sport der perfekte Ort, um die egoistische Ethik auszuleben.

Zuvor ordnete sich die Welt um stabile Orientierungspunkte, eine gegebene Hierarchie, die sicher willkürlich war, aber dennoch funktionierte. Die Gesellschaft der Überinformation hat all diese künstlichen Stützen aus den Ankern gehoben. Von nun an muss man gestehen, dass man weiß. Der Beutel hat sich geöffnet und unzählige Murmeln kullern ungeordnet heraus. Es ist unmöglich, sie neu zu sortieren. Die Murmeln müssen sich ihre eigene Bahn suchen, ihre einzigartige Kohärenz schaffen. Sie werden hie und da mit anderen zusammenstoßen, die ihnen ähnlich und doch radikal verschieden sind. Diesen Aufprall müssen sie nutzen, um vorwärtszukommen und Schritt für Schritt mehr Energie zu sammeln.

Margaret Thatcher hatte tatsächlich recht, als sie sagte: »*There is no such thing as society.*«[1] In Wirklichkeit gibt es nur Frauen, Männer, Kinder, eine Masse von Wesen, die in Bewegung sind und sich im Austausch mit anderen kontinuierlich neu erfinden. Diese Menschen können sich nicht auf Vorbilder stützen, um voranzukommen, und wenn, dann allenfalls auf solche, die einem leeren Blatt Papier ähneln, so wie der *Schreitende Mann* von Giacometti, radikal reduziert und kerzengerade, oder wie die Figur, für die sich Odysseus am Ende des Er-Mythos aus Platons *Politeia* entscheidet, als die Göttin der Notwendigkeit ihn zu seiner Reinkarnation zwischen mehreren Seelenarten wählen lässt: Statt der Beispiele für Erfolg und Macht zieht der Held der *Ilias* das Leben eines Menschen ohne besondere Eigenschaften vor, das eines Fleißarbeiters ohne besondere Begabung, ohne außergewöhnliche Merkmale, dessen Einzigartigkeit in eben dieser banalen Menschlichkeit besteht.

Als Referenz könnte auch der griechische *Kalos kagathos* dienen, der schöne und gute Mensch, dessen äußere Schönheit die

---

1. »So etwas wie Gesellschaft gibt es nicht«. Thatchers berühmter Satz fiel in einem Interview, das im Herbst 1987 im Magazin *Women's Own* veröffentlicht wurde.

innere Güte widerspiegelt und dessen Tugend es war, in simpler Selbstbejahung zu leben; aber auch der Ritter des Mittelalters, der japanische Samurai, möglicherweise sogar ein britischer *Gentleman*, denn sie alle sind an einen Ehrenkodex gebunden, aber am Ende niemand anderem als sich selbst verpflichtet. Angesichts einer Gesellschaft, die sich heute unaufhörlich über alles und jedes auslässt, ist das Wiederbeschwören dieser Rollenbilder ein Aufruf, sich zu beschränken: zu Einfachheit und Zurückhaltung und zu einer Bescheidenheit, die darin besteht, die Mechanismen des eigenen Denkens und die Motive seiner Handlungen nicht preiszugeben, sondern in Übereinstimmung mit sich selbst zu handeln und zu denken.

Diese Figuren dürfen nicht blindlings bewundert werden. Auch sie fügten sich in Systeme ein, auf die sie keinen Zugriff hatten und in denen Strukturen von Unrecht und Gewalt herrschten (Versklavung, Leibeigenschaft, Frauenverachtung etc.). Noch weniger sollten wir sie nachahmen, denn dann fallen wir in eine unmögliche Künstlichkeit zurück, in welcher der Mensch das verliert, was seine Eigenheit ausmacht, indem er sich mit Kleidern ausstaffiert, die nicht die eigenen sind und es auch nie werden können. Im besten Falle können die genannten Referenzen als Zeugen dienen, als Leuchttürme oder Wegweiser. Aber ihre Größe darf uns nicht erdrücken.

Inspiration lässt sich ebenso gut im Volk finden, in der gewöhnlichen Intelligenz, in der berühmten, von Orwell beschworenen »*common decency*«, die nicht als natürliche Moral verstanden wird, die wie durch ein Wunder einer bestimmten sozialen Klasse – »dem Volk« – innewohnt, sondern als eine bestimmte Lebenserfahrung, als Praxis, die keiner Theorie bedarf, um sich zu entwickeln.

Sich reindividualisieren, sich neu zentrieren, sich renaturalisieren: Das sind die Leitbegriffe der egoistischen Ethik. Der Mensch wird von keiner äußeren Macht – und vor allem keiner Moral – geleitet. Mehr noch: Er befehligt sich nicht selbst, er *entscheidet* sich nicht, einem Code zu gehorchen, sondern muss diesen im Alltag aus seinen Erfahrungen heraus festlegen.

Der authentische Egoismus ist demütig, bescheiden, diskret und jedem Menschen eigen. Die Endung »-ismus« ist insofern irreführend, als sie zu verallgemeinern und Universalität vorzugeben scheint, wo es nur Singularität gibt. Seine eigene Kohärenz finden, die eigene Ethik – das ist die Herausforderung, vor der wir stehen und die ich »Resolidarisierung« nenne. Es ist eine Erfahrung, die kein Philosoph, keine Denkströmung, kein Selbsthilfebuch und nichts dergleichen für uns vollziehen kann.

Eine Erfahrung, die jeder Radrennfahrer tagtäglich machen kann.

*

Die Moral des Sports fordert Solidarität ein. Das Gesetz des Pelotons besagt, dass kein Einzelner aus der Masse herausstechen darf. Als junger Fahrer ist es nicht leicht, sich hervorzutun, indem man beispielsweise versucht, aus dem Feld heraus zu attackieren, um das Rennen wieder in Gang zu bringen, wenn die großen Teams sich entschlossen haben, »die Straße dichtzumachen«, nachdem sich eine frühe Ausreißergruppe nach ihrem Geschmack abgesetzt hat. Ich erinnere mich an eine Etappe der Dauphiné Libéré während meiner ersten Profisaison. Einer meiner Teamkameraden wollte angreifen, doch die Mannschaft des Gesamtführenden war nicht derselben Ansicht. Er versuchte, durch eine Lücke am Straßenrand zu entkommen. Man hat ihn buchstäblich ins Gras gedrängt. Das reichte, um ihn davon abzuhalten, sein Glück noch mal zu versuchen…

Auf gleiche Weise hat man mir und meiner Mannschaft Cofidis in der zweiten Rennwoche der Tour de France 2021, als ich nach einer erfolgreichen Flucht in den Pyrenäen auf Platz zwei im Gesamtklassement lag, die größten Schwierigkeiten bereitet, uns hinter der tempoangebenden Mannschaft mit dem Träger des Gelben Trikots einzureihen – auch wenn es eigentlich so Usus ist. Wir mussten die Ellenbogen ausfahren und uns gegen die eine oder andere große Armada zur Wehr setzen, die es gewohnt waren, diese privilegierten Plätze einzunehmen, und sich offenkundig darüber ärgerten, einen Fahrer einer »kleinen« Mannschaft vor sich im Klassement zu sehen.

Eine gewisse Orthodoxie regiert das Peloton; die herrschende Ordnung ist zu respektieren. Nur gewisse Rennstrategien sind erlaubt. All das ist derart internalisiert, dass man allmählich gar keine anderen Rennverläufe für möglich hält, geschweige denn die vorhandene Hierarchie für unbegründet. Niemand wagt es mehr, aus der Reihe zu tanzen.

Im Gegensatz zur Moral der Solidarität bedeutet Resolidarisierung, einen neuen Blick auf die üblichen Taktiken zu werfen, uns neue Möglichkeiten zu eröffnen, selbst die Initiative zu ergreifen, und so die Verbindung zum eigentlichen Wesen dessen wiederherzustellen, was wir tun. Was ist ein Radrennen? Im Grunde nichts als anderes als eine Sportart, bei der Individuen auf speziellen Maschinen am Punkt A starten und am Punkt B vor ihren Konkurrenten eintreffen müssen. Aus dieser Sicht zwingt nichts dazu, einem vorgegebenen Ablauf zu folgen, nichts rechtfertigt außerdem die ganzen vorgefertigten, im Peloton verankerten, stillschweigenden Übereinkünfte, nach denen Herausforderer der Rennstrategie und dem Tempo der Favoriten folgen müssen, während kleinere Mannschaften, also die mit dem geringsten Etat oder den unbekanntesten Fahrern, den großen Teams das Privileg der besten Positionen im Hauptfeld zu überlassen haben.[1] Man sollte die Kühnheit besitzen, all diese Algorithmen, die das Leben des Pelotons bestimmen, auf null zurückzusetzen, man sollte den Mut zu Opposition und Innovation aufbringen. Auf sich allein gestellt ist man natürlich machtlos, und die Angelegenheit bliebe unmöglich. Die Aufgabe besteht darin, um sich herum Verbündete zu sammeln, die der Wille eint, wieder von den Grundprinzipien des Sports auszugehen, also von einer offenen Auseinandersetzung, die von keiner anderen Instanz als der Rennleitung zu regeln ist.

*

Das Beispiel der Bäume, deren Sensibilität belegt ist und deren tiefe Intelligenz wir allmählich nachweisen können, ist hilfreich, um zu verstehen, wie auch wir uns aus unserer ursprünglichen Isolation heraus mit anderen außer uns selbst verbinden können, um einen völlig neuen Funktionsmodus zu entwickeln.

---

1. Meine Karriere begann in der eher bescheidenen belgischen Mannschaft Wanty-Groupe Gobert, die im Peloton weitaus weniger respektiert wurde als die bekannten Formationen. Darum müssen junge Rennfahrer, »die Kleinsten«, mehr Energie aufwenden, um vorne mitmischen zu können, als die etablierten Siegfahrer – was erklärt, warum sich Dominanzsysteme ausbilden, die denen die besten Erfolgschancen geben, die schon alle Trümpfe halten.

Das Leben eines Baums ist kein langer, ruhiger Fluss. Es ist eine Abfolge von Konflikten, ein Existenzkampf inmitten von Konkurrenten des Waldes, seien es Exemplare der gleichen Art oder nicht, die alle auf der Suche nach Wasser und Licht sind. Es ist auch eine Beharrungsleistung gegenüber äußeren Aggressionen, ob klimatischer, tierischer oder menschlicher Natur. Genau wie ein einzelner Mensch in der Welt ist auch ein Baum hyperverwundbar, ebenso der Radrennfahrer, der sich in ein Feld von zweihundert Gegnern verirrt hat und sich um jeden Preis zu behaupten versucht.

Gegen diese Bedrohungen muss ein Baum Überlebensstrategien entwickeln. Er überzieht sich mit Stacheln, um sich gegen alle zur Wehr zu setzen, die seine Rinde oder seine Früchte begehren, oder macht diese ungenießbar, so wie es afrikanische Akazien tun, die ihren Tanningehalt steigern, wenn Antilopen ihre Blätter angreifen.

Ein Baum besitzt auch die Weisheit, sich über interindividuelle Beziehungen in eine Gemeinschaft einzufügen, die ihm nützen wird. Er vergesellschaftet sich mit seinen Artgenossen buchstäblich durch seine Wurzeln, so dass ein Individuum, das in einer schwierigen Zeit durch anhaltende Trockenheit oder Lichtmangel geschwächt ist, auf die anderen zählen kann, die näher an einer Wasserstelle oder Lichtquelle stehen.

Forscher haben herausgefunden, dass die besagten afrikanischen Akazien nicht nur schnell auf die Aggression eines Tieres reagieren können, sondern gleichzeitig fähig sind, die Information durch das Ausstoßen eines Gases an andere Akazien in ihrer Nähe zu übermitteln, damit diese vorbeugend schon ihre Tanninkonzentration erhöhen können…

Pflanzen haben eine Intelligenz entwickelt, die darin besteht, sich im Rahmen eines Austauschs von Gefälligkeiten zu vernetzen. So entsteht, fast wie durch ein Wunder, jedoch kein Volk, sondern ein Wald, d. h. ein Gefüge, in dem zwar jedes Exemplar in erster Linie versucht, sich selbst zu entwickeln, aber in Verbindung mit denen, die es umgeben. Dieses diffuse Ganze wird jedoch nicht auf überindividuelle Weise gesteuert: Es beruht auf singulären Beziehungen, und zwar eben jenen, die das Ganze ursprünglich gebildet haben.

Der andere erhält damit enorme Bedeutung. Aber nicht der abstrakte, objektivierte andere an sich, denn das ist der andere des Herrn und Meisters, der einem unterworfenen Bewusstsein jeglichen Wert abspricht, es als Sache bezeichnet und als leblos betrachtet – und so gleichzeitig das Wesen verliert, das ihn anerkennen soll. Ein Peloton, das sein Gesetz von oben nach unten durchsetzen will, hat diese Haltung übernommen. Es bemerkt dabei nicht einmal, wie es dazu beiträgt, sich selbst zu töten.

Als Radrennfahrer ist man vom starken Wunsch durchdrungen, alles zu kontrollieren. Zunächst natürlich sich selbst (sein Training, seine Ernährung, die Strecken usw.), aber auch seine Teamkollegen und Gegner. Dies ist jedoch die Klippe, die es zu umschiffen gilt. Denn ein solches Vorhaben würde sich zum einen als wirkungslos entpuppen – die anderen sind nun mal per Definition keine leblose, manipulierbare Sache. Zum anderen würde es zugleich auch genau das zerstören, was die Magie des Sports ausmacht: nämlich seine Unvorhersehbarkeit, die wir dem Umstand verdanken, dass er von lebendigen, sensiblen und manchmal irrationalen Wesen betrieben wird.

Eine andere Versuchung bestünde darin, den anderen gewissermaßen als unseren Doppelgänger zu betrachten. Wir würden dann davon ausgehen, seine Absichten zu kennen und sie vorhersehen zu können. Dabei sind wir alle grundverschieden voneinander – genau wie man es im Radsport täglich erlebt: Je nachdem, ob wir Sprinter oder Kletterer sind, sehen wir ein und dasselbe Rennen mit völlig anderen Augen. Erstere sind am Start einer Bergetappe meist besorgt, während die anderen es kaum erwarten können, dass es losgeht. Zudem prägt uns unsere Vorgeschichte: Ein neuerlicher Sturz wird zu Übervorsicht in den Abfahrten führen, bis sich die Blockade wieder löst. Kurzum, wir wurden von einer ganzen Reihe genetischer und epigenetischer Faktoren geformt.

All diese differenzierenden Parameter im Handstreich mit der Begründung wegzuwischen, dass wir alle gleich seien, ist eine bequeme Vereinfachung, der manche Leute aus praktischen Gründen gelegentlich erliegen. Das sind sportliche Leiter, die ihre Fahrer behandeln, als seien es Figuren eines Videospiels mit exakt quantifizierbaren körperlichen Eigenschaften. Oder es sind Fahrer, die nicht einsehen können, dass ihre Kollegen eine andere Sicht des Rennens haben als sie selbst, und sich darüber aufregen, wenn nicht alles in ihrem Sinne läuft. Die Schwierigkeit jeder Beziehung besteht in der Kunst, sich auf eine völlige Fremdheit einzustellen, die sich genau wie wir als absolut vorrangig begreift. Hat der sportliche Leiter diesen fundamentalen Gedanken einmal verstanden, wird er seine Athleten nicht mehr als austauschbare »Leistungsprofile« betrachten, sondern jeden in seiner Individualität ansprechen. Der Fahrer dagegen wird ein Gespür für das Rennen entwickeln, sobald er nicht mehr von der Überzeugung ausgeht, er sei der Dreh- und Angelpunkt des Geschehens, und lernt, mit den gegensätzlichen und unerwarteten Bewegungen umzugehen, die den Rhythmus des Rennens bestimmen.

Entscheidend ist die Duo/Duell-Beziehung, die Individuen untereinander herstellen, und zwar nicht in einem moralischen oder religiösen Sinne (als »vorbehaltloses Teilen über Gegensätze hinweg«), sondern aus beidseitigem Interesse. Diese Verbindung wird sich Zug um Zug festigen, sie wird über die einfache Beziehung von Person zu Person hinausgehen und es ermöglichen, komplexere, multi-individuelle Organisationsformen zu erschaffen. Diese dürfen sich jedoch nicht derart aufblähen, dass sie die menschlichen Wesen, auf denen sie beruhen, aus dem Blick verlieren.

Ich fürchte aber, unsere Gesellschaften sind bereits in diese Falle getappt. Im Radsport erlebe ich, wie immer mehr Entscheidungen von übergeordneten Instanzen getroffen werden, in Expertengremien oder von Gewerkschaften, die angeblich die Stimme des Pelotons sind – ohne dass der gesunde Menschenverstand zu Wort käme. Dieser Mikrokosmos spiegelt gut den Makrokosmos, der sich ja ebenfalls in Strukturen und Unterstrukturen verliert, die vorgeben, dem Individuum zu dienen, diesem aber kein Fleisch und Blut zugestehen.

*

Der Sport kann eine Möglichkeit sein, um wieder zu lernen, sowohl allein als auch in Gruppen zu handeln, ohne dass eine höhere Intelligenz uns lenkt, so wie Bäume, die untereinander kommunizieren, oder wie Fische, die sich als Schwarm organisieren, oder wie Ameisen, die sich koordinieren. Im Wettkampf sind wir trotz aller strategischen Anweisungen und kollektiven Mantren allein, sogar in den Sportarten, die in Mannschaften ausgeübt werden. Das Ziel besteht darin, einen Weg zu finden, um unsere Kraft zum Ausdruck zu bringen und unseren Wert zu bestätigen. Das geschieht natürlich *gegen* die anderen, auf keinen Fall aber *ohne* sie.

Der Sportler muss Kompromisse schließen, sich mit Fremden verbünden, »Wurzeln verflechten«. Darum spielen Fußballer einander Pässe zu: Würden sie allein spielen, hätten sie keine Chance, zu glänzen und zu gewinnen. Wenn wir uns im Radsport zu Mannschaften zusammenschließen und es akzeptieren, für einen Teamkameraden zu fahren, dann deshalb, weil das die Bedingung für unseren eigenen individuellen Erfolg ist (der seinerseits vielerlei Formen annehmen kann: die Freude über den Sieg des Teams; die Erwartung, im Gegenzug für den erwiesenen Gefallen ebenfalls in den Genuss eines solchen zu kommen; die Anerkennung der geleisteten Arbeit; die einfache Freude an der Aktion anstelle von langweiligem Abwarten; oder, noch trivialer, die pekuniäre Gegenleistung).

Die Funktionsweise ist recht einfach und offensichtlich, wenn es sich um den Austausch innerhalb von Mannschaften und unter Teamkollegen handelt. Wenn mir Sprinter auf Bergetappen geholfen haben, wenn sie mich beispielsweise im Tal aus dem Wind genommen oder mich am Fuß des Anstiegs in eine gute Ausgangsposition gebracht haben, dann scheint es mir doch nur recht und billig, wenn ich es ihnen am Tag der Flachetappe vergelte und ihnen so lange wie möglich Windschatten gebe. Es mag komplexer scheinen, die Absprachen unter Konkurrenten zu erklären, deren Ziele völlig gegensätzlich sind. Dabei ist der gleiche Mechanismus am Werk: Zusammenarbeit entsteht, wenn gemeinsame Interessen zu verteidigen sind, wenn ein geleisteter Dienst dem Gebenden einen Vorteil bringt.

Die Welt der Bäume ist für die Beschäftigung mit solchen Fragen überaus aufschlussreich. Man hat in der Tat beobachtet, dass die meisten Bodenpflanzen mit Pilzen in ihrem Wurzelbereich einen für beide Seiten nutzbringenden Austausch pflegen. Die Pflanzen leiten einen Teil ihres aus Photosynthese gewonnenen Zuckers an das unterirdische Myzel weiter und erhalten dafür Wasser, Stickstoff und andere Mineralien. Diese »Partnerschaft«, die man als Mykorrhiza-Symbiose bezeichnet, beweist, dass radikal voneinander verschiedene Organismen in der Lage sind zu kooperieren, wenn sie daraus einen gegenseitigen Nutzen ziehen können. Ein anderes, wohlbekanntes und vielleicht noch frappierenderes Beispiel ist die Gesellschaft von Hai und Gemeinem Schiffshalter (*Remora remora*): Obwohl der Erste den Zweiten leicht verspeisen könnte, beschützt er ihn, weil dieser kleine Fisch, der sich an ihm festsaugt, seine Haut reinigt, sie von Parasiten und Bakterien befreit und ihn so vor Infektionen schützt.

Wie gelingt es einer Ausreißergruppe, dem jagenden Peloton standzuhalten, ohne durch die Zwietracht ihrer Mitglieder zu zerfallen? Statt an rationales Kalkül zu appellieren, warum nicht dem Beispiel der Natur folgen und ein System von Leistung und Gegenleistung einführen, bei dem jeder auf seine Kosten kommt? Dem habe ich meinen ersten Sieg bei den Amateuren zu verdanken. Während der Tour du Jura 2013 waren wir auf der letzten Etappe zu zweit ausgerissen. Mein Begleiter hatte das Gesamtklassement im Blick, wohingegen ich dort schlechter platziert war und mich eher auf den Tagessieg konzentrierte. Die Konstellation war ideal und der *Deal* offensichtlich: Mit unseren unterschiedlichen Zielsetzungen konnten wir uns beide ohne Hintergedanken voll reinknien, um uns den Kuchen zu teilen, für mich den Lorbeer der Etappe und für meinen Gegner das Gesamtklassement – wie Hai und Gemeiner Schiffshalter, Baum und Pilz.

Die Sache wird natürlich erheblich komplexer, wenn alle Konkurrenten den Sieg zum Ziel haben, wenn zwei Tiere die gleiche Beute machen wollen oder zwei Bäume sich das Licht streitig machen. Es gibt oft nur einen Platz auf der obersten Stufe des Podiums. Und hier kommt das sportliche *Spiel* zum Zug. Es besteht darin, bei der Interaktion mit dem anderen den meisten Nutzen aus ihm zu ziehen (zum Beispiel, wenn man seinem Gegner vorgaukelt, man stecke in Schwierigkeiten, so dass er glaubt, alle Chancen auf seiner Seite zu haben, und bedenkenlos in die Pedale tritt), ohne deshalb seine Strategie offenzulegen. Der andere handelt und denkt genauso: Man muss sich also in Acht nehmen, dass man nicht in eine Situation gerät, bei der am Ende alle nur so tun und Grimassen schneiden, ohne sich wirklich voll anzustrengen. Die Finesse besteht darin, einen Gleichgewichtspunkt zu finden, an dem die Zusammenarbeit für alle Beteiligten zumindest nützlich erscheint.

Die Gestaltung einer solchen Absprache muss die Stärken und Schwächen der Beteiligten einbeziehen: Der Schnellste muss ein wenig mehr Verantwortung für das Tempo der Gruppe übernehmen als die übrigen, denn im Fall einer gemeinsamen Ankunft hat er im Sprint einen Vorteil; der starke Kletterer wiederum wird dagegen in den Anstiegen Führungsarbeit leisten müssen… So entsteht ein ganzes System des Tauschhandels und Feilschens, aber nicht bewusst und nach festen Regeln, sondern spontan vor Ort, von Fall zu Fall, von Person zu Person.

Manchmal funktioniert es nicht: Die Fluchtgruppe fällt auseinander, weil das stillschweigende Einvernehmen nicht erzielt werden kann und die Ungleichheit innerhalb der Gruppe zu unverhältnismäßig zu sein scheint, um einen gemeinsamen Nenner zu finden. Die Beute entkommt, weil die Raubtiere sich nicht verständigen konnten. Stehen die Bäume im Wald zu dicht, gibt es also zu viel Konkurrenz, kann er sich nicht entwickeln.

Es gibt allerdings Gelegenheiten, bei denen eine hinreichende Kooperation erzielt wurde, die sich für den Einzelnen gerade noch im Rahmen des persönlich Vertretbaren bewegt, aber insgesamt ausreicht, damit die Fluchtgruppe ihren Vorsprung hält – und sei es auch hauchdünn – und den Sieg unter sich ausmachen kann. Warum »stirbt« im Etappenfinale das jagende Peloton oft praktisch in Sichtweite der Ausreißer? Eben deshalb, weil die Fahrer vorne in der Gruppe sich am perfekten Gleichgewichtspunkt befinden: Jeder macht gerade genug, um sicherzugehen, dass er in die Position kommt, in der er um den Sieg fahren kann, aber nie mehr als dieses »gerade genug«. Hierin liegt das Wunder: Aus einer verwirrenden Summe divergierender Interessen ergibt sich ein Gleichgewicht, das alle zufriedenstellt, ein flüchtiger Moment kollektiven Zusammenhalts, der die fundamentale Singularität des Einzelnen nicht aufhebt. Wölfe, die eine Meute bilden, können ein Tier von der Größe eines Hirsches reißen. Bäume wachsen nebeneinander empor und beenden ihr Wachstum auf gleicher Wipfelhöhe.

Menschliche Beziehungen sind eine Art Poker: Man gibt so viel, wie man zu erhalten hofft, man spielt mit der Empfindsamkeit des anderen. Das Gleichgewicht ist labil und unvorhersehbar. Es gibt keine Anleitung für zwischenmenschliche Beziehungen, kein Handbuch der Freundschaft; für diese Dinge braucht es Erfahrung, mal gelingen sie, mal scheitern sie. Wie dem auch sei, nur über den einfachen, direkten Kontakt von Person zu Person kann eine echte Beziehung entstehen. Eine Vermittlung über Institutionen, Maschinen oder Algorithmen ist trügerisch: Sie lässt einen glauben, es sei leicht, eine Gesellschaft zu schaffen, ein menschliches Netzwerk, so als gäbe es eine Mechanik der Herzen. Mithin zerstört sie jede Möglichkeit einer dauerhaften Zivilisation, die ehrlich zu selbst ist, die sich ihrer Bedeutung und der Herausforderungen, vor denen sie steht, bewusst ist.

*

Die Einfachheit der Gegenseitigkeit und die Notwendigkeit zur Resolidarisierung – mit sich selbst, mit der Erde, mit den anderen – zu bekräftigen, heißt nicht, einen idealistischen Diskurs über die Welt zu führen oder davon auszugehen, dass alle Menschen gleichwertig seien. Wir sind nicht gleich, und es wäre illusorisch, das zu leugnen. In meinen jungen Jahren als Radsportler habe ich häufig Betreuer erlebt, die ihren Schützlingen zur Motivation einbläuten: »Ihr habt genauso zwei Arme, zwei Beine und ein Herz wie alle anderen! Redet euch keine Minderwertigkeitskomplexe ein!« Ich muss sagen, diese Sprüche sind mir immer seltsam vorgekommen. Sicher sind alle Konkurrenten im Großen und Ganzen mit denselben Attributen ausgestattet. Nur kann ein Bein kräftiger als ein anderes sein, ein Herz mehr Blut pumpen als das des Nachbarn. Auf der Startlinie stehen große und kleine

Athleten, muskulöse und hagere... Und das ganze Spiel besteht ja eben darin, mit dem Vorhandenen zurechtzukommen, aus der eigenen Beschaffenheit und jener der Gegner etwas zu machen.

Darin liegt die Besonderheit einer Sportart wie dem Radsport: Man muss aus seinen Schwächen Stärken machen, beispielweise indem man weniger Führungsarbeit leistet als ein anderer, wenn man sich diesem unterlegen wähnt, oder indem man blufft, dass man richtig gut drauf sei, um sich gegen Angriffe zu wappnen. Der am besten gerüstete Akteur wird ein wenig von seiner Stärke abtreten, weil das für ihn ein Mittel zur eigenen Bestätigung ist. Umgekehrt wird der Fahrer mit den geringsten Aussichten von den Kräften der anderen profitieren, um seine Position zu stärken. Und diese Austauschbeziehungen sind nicht das Ergebnis gemeinsamer Überlegungen und auch nicht das Resultat einer übergeordneten Entscheidung des »Pelotons«, eines Rechtsstaates oder einer gleichmachenden Moral: Sie entstehen, weil sie im Interesse jedes Einzelnen sind, des Starken wie des Schwachen.

Das Leben ist ein Kampfspiel, was aber heutzutage gern vergessen wird. In seiner modernen Version ist der Sport – als symbolische Miniaturausgabe der Existenz – von Scheinheiligkeit geprägt, weil man sich dagegen sträubt, anzuerkennen, dass seine Grundprinzipien Kampf und Gewalt sind. Dabei könnte der Sport der perfekte Ort sein, um diese uneingestandene Lüge zu überwinden, und ein Weg zum Aufbau authentischer Beziehungen.

Warum gerade der Sport? Vor allem, weil er von Natur aus die besagte Resolidarisierung einfordert. Eine sportliche Tätigkeit verschafft unweigerlich Bodenkontakt. Dank dieser freiwilligen, letztlich überflüssigen Aktivitäten, die den Luxus einer Gesellschaft zum Ausdruck bringen, für die körperliche Arbeit zur Freizeitbeschäftigung geworden ist, stellt man wieder Verbindung mit der Erde her. Als Radsportler kann man nicht eingebildet sein. Die Straße wirft einen sehr schnell auf sich selbst und die Einsamkeit zurück. Wie schon der große Rennfahrer Louison Bobet, Dreifachsieger der Tour de France in den 1950er Jahren, sagte: »Radsport ist eine unablässige Lektion in Demut.«

Wenn ich allein durch die winterliche, nasskalte Normandie fahre, manchmal fünf bis sechs Stunden lang, frage ich mich, was mich dazu treibt, mir so etwas anzutun. Mir ist kalt und ich langweile mich. Die schönen Bocage-Landschaften und die Unterhaltungen mit meinen Trainingskollegen reichen nicht immer, um meine Ausfahrten aufzuheitern. Die meiste Zeit über ist mein Beruf meine Passion; manchmal aber wird er zur Pflichtübung. Trübe Gedanken durchziehen dann mein Hirn, während ich meine Beine mechanisch rotieren sehe: Bin ich denn bescheuert, mir das zu geben? Zu welchem Ziel bin ich unterwegs? Wäre ich nicht besser in einem Sessel aufgehoben, mit einem guten Buch und einer Tasse heißen Tee? Ich könnte Bücher schreiben, statt Radrennfahrer zu sein – das wäre bequemer. Ich könnte mir eine normalere Arbeit suchen, die weniger anstrengend ist, einen Job, bei dem ich mein Tagwerk nicht mit durchgefrorenen Händen und Blutgeschmack im Mund beenden würde und nicht jeden Morgen mit elektrischen Entladungen in den Beinen erwache, den Laktatresten des Trainings vom Vortag.

Solche Momente der Zerrissenheit dauern nicht lange an, denn ich erinnere mich sehr schnell wieder an das, was mir diese unangenehmen Stunden bringen. Sie erlauben mir, mich als Körper zu erleben und auf die Probe zu stellen, meine ursprüngliche Stofflichkeit wiederzugewinnen, mein Dasein aus Fleisch und Blut. Wenn ich meinen Leib quäle, experimentiere ich und und werde mir der Existenz und Bedeutung meines Körpers bewusst: Er ist die einzige Sache, die zählt. Natürlich habe ich Schmerzen; aber immerhin spüre ich etwas. Die Misshandlung, die ich mir auferlege, ist in diesem Sinne eine Form der Lebensbejahung. Und andersherum ist sie eine Verweigerung der allgemeinen Anästhesie, die eine gewisse Form der Gesellschaft uns nahelegt.

Wenn der Sport zu einer wiedergewonnenen Kohärenz beiträgt, dann deshalb, weil er in höchstem Maße absurd ist. Ich gestehe, dass es verrückt ist, mitten im Winter auf dem Fahrrad Strecken von hundertfünfzig oder zweihundert Kilometern zurückzulegen. Es gibt Broterwerbe, die weniger albern sind. Warum den Körper ständig in Form bringen müssen … für nichts? Warum eine Ziellinie vor zweihundert anderen Individuen auf seltsamen Maschinen mit zwei Rädern als Erster überqueren wollen? Warum sich auf Passstraßen im Hochgebirge die Lunge aus dem Hals fahren oder in der Ebene gegen den Wind ankämpfen? Das ist alles trivial. *Und wir wissen es* – aber genau das verschafft dem Sport seinen eigentlichen Wert. Sportliche Disziplinen sind im wesentlichen Spiele, die in einem Rahmen ablaufen, um dessen Willkürlichkeit jeder weiß. Und deshalb können sie nicht naiverweise für etwas gehalten werden, das einen Wert an sich besitzt, oder für Organisationen, die etwas Absolutes über die Welt aussagen wollen, darüber, wie sie ist oder zu sein hat. Beim Radfahren lerne ich, einer Sache einen Sinn zu geben, die grundsätzlich keinen Sinn hat. Ich muss Montaignes berühmten

Satz kaum abwandeln: »Wenn das Schicksal mir erlaubte, mein Leben nach meinen Wünschen zu führen, würde ich es mit dem Hintern im Sattel verbringen wollen.«[1]

In unserer Gesellschaft der unmöglichen Lüge kann der Sport die großen Institutionen der Vergangenheit darin ablösen, Individuen um etwas Gemeinsames zu vereinen – unter der Voraussetzung, dass wir uns nichts vormachen und uns bewusst dafür entscheiden, auf das Spiel hereinzufallen. Nach dem Vorbild der Gelehrten im Sinne Pascals, die zwar die Eitelkeit und die Nichtigkeit der Bräuche einer Gesellschaft durchschauen, aber dennoch die Weisheit besitzen, sich ihnen zu fügen, nicht ohne sich einen »Hintergedanken« zu bewahren, können wir *so tun, als ob*. Wir können uns mit Leib und Seele in die sportliche Praxis einbringen, sie mit großem Ernst ausüben und in manchen Fällen sogar einen Beruf daraus machen, ohne dabei ihre Künstlichkeit zu verkennen. Sobald diese grundsätzliche Eitelkeit geklärt ist, wird es möglich, in klarem Bewusstsein etwas aufzubauen.

Ich betrachte also den Sport aus einer metaphysischen, beinahe religiösen Sicht: wie etwas, das dem Leben Sinn verleiht, nachdem man dessen Sinnleere erkannt hat. Die Absurdität des sportlichen Treibens und insbesondere die Absurdität des Wettkampfs könnte so etwas wie ein Gegenangriff auf die Absurdität der Welt sein. Genau wie es ein »*L'art pour l'art*« gibt, stelle ich mir einen »Sport für den Sport« vor, eine Praxis, die reiner Selbstzweck ist.

Als neues Opium fürs Volk hat sich der Sport im Verlauf des 19. Jahrhunderts zu einer säkularen Fortsetzung des Christen-

1. Michel de Montaigne, *Essais*, »De la Vanité«. (dt.: »Über die Eitelkeit«.)

tums entwickelt. Nachdem dieses die sportlichen Instinkte während eines sehr langen Mittelalters hatte unterdrücken wollen, machte es sich nun zur Aufgabe, ihnen einen passenden Rahmen zu schaffen und die eigene Botschaft auf unterschwellige Weise zu vermitteln. Es waren Männer Gottes, die als Erste in englischen Schulen die Körperertüchtigung förderten und das Konzept der »*Muscular Christians*« in den berühmten *Public Schools* entwickelten, deren bekannteste jene in Rugby war.[1]

Dahinter stand die Idee, gegen den Verfall der Sitten anzukämpfen, indem man den Jugendlichen durch spielerische Übungen anerkannte soziale Werte vermittelte. Pierre de Coubertin folgte, obschon selbst kein Vertreter der Kirche, derselben Linie und ordnete den Sport moralischen, pädagogischen und sogar spirituellen Zielsetzungen unter, wenn er eindeutig bekräftigte: »Das erste und wesentlichste Merkmal des alten wie des neuen Olympismus ist es, eine Religion zu sein.«[2]

Es wäre heute an der Zeit, den Sport von dieser utilitaristischen, politisch-religiösen Hülle zu befreien und ihn als definitiv autonom und »nutzlos« zu begreifen, als allein von den Impulsen der Ausübenden getragen. Ich betreibe keinen Radsport, um meine Gesundheit zu schützen oder zum Erwerb irgendwelcher Werte. Radsport genügt meiner Meinung nach sich selbst. Es ist der Ort einer Selbstbestätigung ohne Komplexe, der Ort der

---

1. Der Prediger Charles Kingsley hat maßgeblich dazu beigetragen, das Konzept der »*Muscular Christianity*« zu entwickeln. Zu nennen wäre auch Thomas Arnold, von 1828 bis 1841 Rektor der Schule von Rugby, der seinerzeit ebenfalls ein wesentlicher Wegbegründer eines »christlichen« und »funktionalen« Sports war.

2. Pierre de Coubertin, »Le Sport Suisse«, 7. August 1935.

eigenen Individualität und Körperlichkeit, der Ort einer Selbstvollendung.

*

Einen Weg vorzuzeichnen, ist leicht, viel schwieriger ist es, ihn zu beschreiten. Die großen Champions – ich habe mit einigen von ihnen unmittelbar zu tun gehabt – zeichnen sich dadurch aus, dass es ihnen gelingt, in dieser Selbstbestätigung völlig aufzugehen. Sie schaffen es, die Sinnlosigkeit anzunehmen und in ein Schicksal zu verwandeln, die Willkür in eine Selbstverständlichkeit. In der Geschichte des Radsports ist sicherlich Jacques Anquetil das paradigmatische Beispiel, er, dem alles leicht zu fallen schien, der elegant mit seiner Maschine verschmolz und sich durch seine Unverstelltheit und seinen ungezähmten Charakter auszeichnete. »Aufgezwungene Disziplin widerstrebt mir und deprimiert mich. Die Disziplin, die ich mir selbst auferlege, genügt mir. Ich akzeptiere keine Befehle, die gegen meine Meinung oder meinen Willen gehen.«[1]

Der Champion weiß, dass er einzigartig ist, und zeigt es ohne Scham, ohne falsche Bescheidenheit, aber auch ohne Attitüde. Selbst wenn er an sich zweifelt, vergleicht er sich mit niemandem. Er akzeptiert die Wirklichkeit seiner Isolation und findet sich damit ab, er sucht sogar die Einsamkeit – jene am Gipfel – und bahnt sich seinen eigenen Weg dorthin. Er beeindruckt durch seine ruhige Kraft, weil er um die Eitelkeit der Welt weiß und, statt sie zu bedauern, aus ihr seine unvergleichliche Kraft zieht.

---

1. Zitiert nach: *Petites Histoires secrètes du Tour…*, Jacques Augendre, Solar, 2015.

Es gibt nur ein Mittel, man selbst zu werden. Kein Meister, kein Philosoph, kein Buch, kein System und keine gemeinschaftliche Organisation können dabei helfen, die absolute Singularität eines jeden freizulegen, sie maskieren diese nur. Diese Maske abzulegen, um sich eine neue, ganz eigene herzustellen, das ist die eigentliche Intelligenz des Champions, die vor allem eine körperliche, unreflektierte, schlichtweg gelebte Sache ist.

Und das Wunder ist, dass der Champion, der seine Position ausnutzen könnte, um andere zu dominieren, oder seine Einzigartigkeit, um andere auszuschließen, sich als fähig erweist, zu einen – und das, ohne sich überhaupt Gedanken darüber zu machen oder Mühe darauf zu verwenden.

Der Champion ist ein Anführer, der das Stadium der selbstbezogenen Nabelschau überwunden hat und sich dem anderen zuwendet, ganz natürlich und *egoistisch*. Er ist kein Herr, der tyrannisiert. Er hat keine Knechte, sondern erkennt Abtrünnige an, ja, er ermutigt sie sogar. Damit integriert er die anderen, denn er beweist durch sein Beispiel, dass seine Position erreichbar ist – zumindest besteht ein Anrecht darauf. Er ist sich seiner Stärke und Überlegenheit sicher genug, um Herausforderungen anzunehmen, um täglich seinen Status aufs Spiel zu setzen und ihn auf dem Feld stets von neuem zu erlangen. Der Champion kann nur in der Konfrontation mit einer Gegnerschaft existieren; er gewinnt nur, weil andere verlieren. Anquetil wäre nichts ohne Poulidor, noch wäre es Merckx ohne Ocaña.

Ein Anführer, der sich blind an seiner Position festkrallt, der jede Infragestellung verweigert und Konkurrenz bis in die eigenen Reihen unterdrückt, verliert an Bedeutung und entmachtet sich praktisch selbst. Er spürt, dass seine Aura schwindet, er versucht verzweifelt, seine Alleinherrschaft zu verteidigen, rüttelt an den Leitern und schneidet die Wege ab, die nach oben führen. Es entsteht eine unaufrichtige Beziehung zu seinen Gefährten, bevor das Band endgültig zerreißt. Der despotische Anführer findet sich völlig allein wieder, ohne jemanden, der ihn noch besuchen könnte, als Kapitän einer verwaisten Mannschaft, als König eines Berges, der von keinem Tal umgeben ist.

Lance Armstrong mit seinem absoluten Willen zur Kontrolle konnte diese Figur des Anti-Champions verkörpern. Er war der Herr eines Systems, das keine Vielfalt und keine Widerworte zuließ. Wer sich ihm widersetzte, den brachte er durch Einschüchterung zum Schweigen. Bei der zehnten Etappe der Tour de France 1999 beschloss der Franzose Christophe Bassons, der für sein Engagement im Kampf gegen Doping bekannt war, auf den ersten Kilometern zu attackieren, obschon eine stillschweigende Vereinbarung zwischen den wichtigsten *Patrons* des Pelotons eine ruhige Fahrt während der ersten Stunden des Rennens vorsah. Es war Armstrong höchstpersönlich, der sich daranmachte, Bassons wieder auf Linie zu bringen, und ihm sagte, er solle den Radsport verlassen, wenn er dessen Gesetze nicht akzeptiere. Später, als der Texaner unter Dopingverdacht geriet, zögerte er erneut nicht, ehemalige Teamkollegen oder Betreuer seines Teams US Postal, die im Begriff waren, einige seiner dunklen Geheimnisse zu enthüllen, zu bedrohen. Mit dieser Diplomatie der Einschüchterung konnte Lance Armstrong zwar seine Autorität behaupten, aber um den Preis, dass er immer mehr in einer Welt der Lügen und der Einsamkeit gefangen war.

In einer weniger extremen Weise könnte ein Chef versuchen, geschickt mit den menschlichen Beziehungen zu spielen, abweichende Meinungen zu tolerieren, aber gleichzeitig zu kontrollieren und zu organisieren, indem er beispielsweise seinen Nachfolger bestimmt oder einen baldigen Tausch der Rollen verspricht. Ein weiteres Eingeständnis von Schwäche: Sein Gesetz durch Täuschung oder Zwang durchsetzen zu wollen, bedeutet bereits, an sich selbst zu zweifeln – ein Gefühl, das dem wahren Champion völlig fremd ist. Denn als Anführer der besonderen Art redet er sich mit seiner eigenen Logik glaubhaft ein, er könne, weil er einmal im Existenzkampf gesiegt hat, unbesorgt seinen Titel immer wieder aufs Spiel setzen, da er überzeugt ist, ein Sieger »an und für sich« zu sein. Statt zur Beherrschung seiner Herausforderer die *Potestas* zu nutzen, weiß sich der Champion von Natur aus mit *Auctoritas* gesegnet, diesem römischen Wert der Exzellenz, der die Legitimität desjenigen begründet, der ihn besitzt. Er weckt unmittelbar Loyalitätsgefühle, ohne dafür Intrigen bemühen zu müssen, und lässt dem Machtkampf freien Lauf.

Die Vorgehensweise ist gewagt, denn niemand ist unfehlbar. Genau dies erklärt die Heftigkeit der Desillusion nach einem Scheitern, deren Ausmaß dem des riesigen Vertrauens, das der Champion in sich selbst gesetzt hatte, in nichts nachsteht. Während herkömmliche Menschen sich mit Niederlagen abfinden, zieht das Ausnahmewesen diese nicht einmal in Betracht, und tritt der Fall einmal ein, ist der Aufprall umso heftiger.

Nur warum war er darauf nicht vorbereitet? Warum hatte er nicht vorausgesehen, dass die Dissidenz, die es gab, die bestehende Ordnung stürzen könnte? Weil der Champion Beziehungen zu Menschen aufrichtig und ohne Hintergedanken eingeht – was nicht bedeutet, dass er keine Vorbehalte habe und nicht klar den Grund der Dinge sehe, die sich hinter der dargebotenen Maske verbergen. Er weiß um den Kampf und praktiziert ihn als Spiel; doch er glaubt einfach nicht, dass er sich dabei verletzen könne. Konkurrenz ist keine Gefahr, sagt er sich, denn sie ist die natürliche Ordnung der Dinge.

Der Champion selbst verkörpert diesen Zustand der Dissidenz. Denn er ist taub gegenüber den Reden vom Kollektiv, den Dogmen des Zusammenlebens und der gemeinschaftlichen Organisation, ja, sogar gegenüber den Regeln des praktischen Lebens, die unter dem Deckmantel einer Moral der vorgeblichen Nächstenliebe besagen, dass man seinen Mitmenschen misstrauen soll. Ein außergewöhnlicher Anführer kann auf derlei Rationalität keine Rücksicht nehmen und noch weniger kann er sich ihr unterordnen. Ohne es zu bemerken, entwickelt er als unbewusster Rebell eine ganz eigene Norm, seine eigene Ethik, die den anderen zwar als Konkurrenten einschließt, nie aber als Bedrohung, eine Ethik, die den anderen als Gegner, nicht aber als Feind sieht. Die Nuance ist fein, aber wesentlich: Es ist die zwischen Sport und Krieg, zwischen dem brutalen, gedankenlosen Kapitalismus und dem freien Lauf des menschlichen Lebens.

*

Unsere demokratischen Gesellschaften sind, ähnlich wie jene »halbgelehrten« Anführer, die versuchen, ihre Herausforderer zu kontrollieren, bestrebt, sogar den Widerstand zu organisieren. Sie haben versucht, die Dissidenz in ihr Betriebssystem zu integrieren und als einen Datensatz von vielen zu verarbeiten. Von Hierarchie und Ungleichheit geprägte menschliche Beziehungen und das daraus unvermeidlich resultierende Konfliktpotenzial in einer Welt, deren Willkür nicht zu leugnen ist, werden über Algorithmen verwaltet. Alles muss fortan genormt und protokolliert werden, alles muss sich dem Joch des *Rechts* beugen.

Auch die Welt des Radsports entkommt dieser Entwicklung nicht. Innerhalb der Mannschaften drohen alle möglichen Bereiche, vom Training bis zur Ernährung, zusehends standardisiert zu werden. Alle Teams beschreiten beinahe identische Wege. Allein der Gedanke an Abweichung ist schon Beweis des Aufbegehrens, einer Weigerung, sich in eine Gruppe einzufügen. Dabei scheint mir, als sei der Spitzensport doch eigentlich genau der Ort, an dem man etwas unternehmen sollte, um sich hervorzutun und von der Norm abzuweichen…

Ein Beispiel: Im Januar begeben sich fast alle Mannschaften in ein Trainingslager an die spanische Costa Blanca, im Umkreis von fünfzig Kilometern rund um Benidorm und Calpe. Dieser Abschnitt des Jahres deprimiert mich. Allein schon die Umgebung: eine Perlenkette von Hotelbunkern ohne jeden Charme, die wie Krankenhäuser anmuten, mit ihren unsäglichen Riesen-Büfetts, Paradiese des Massentourismus für Rentner auf der Suche nach ein wenig Wärme (im Winter) oder für Jugendliche auf der Suche nach billigem Alkohol (im Sommer). Aber vor allem ist es die einbetonierte Routine, die mich verzweifeln lässt. Der Radsport ist eine Disziplin, die noch tief in alten Gewohnheiten steckt, wo man sich lieber mit seinem Nachbarn vergleicht, statt neue Wege zu gehen, wo man einfach wiederholt, was schon die Altvorderen taten, ohne recht zu wissen warum. Mit wenigen Ausnahmen schläft in der Vorsaison das gesamte Peloton in den gleichen Hotels, es isst das gleiche Essen, spult die gleichen Trainingseinheiten ab – das alles gleichzeitig und schon seit Jahren.

Wie soll man sich da voneinander abheben, wenn dann die ersten Rennen beginnen? Andere Orte könnten schließlich auch für die ersten Trainingslager infrage kommen. Es ist nicht verboten, sich für die ersten Saisonrennen eine originelle Taktik auszudenken. Sicher liegt in der Anwendung neuer Strategien immer ein Risiko; doch ich denke, dieses Risiko ist auch dasjenige, mit dem man die ein, zwei Prozent gewinnen kann, die den Ersten von seinen Verfolgern trennen...

Auch im Rennbetrieb selbst, besonders aber in Sicherheitsfragen, ist der Wille spürbar, alles einzugrenzen. Die leitenden Instanzen reglementieren immer stärker das Verhalten der Rennfahrer. Unlängst sind einige Positionen auf dem Rad verboten worden, weil sie als zu gefährlich eingestuft wurden (die Unterarme auf den Lenker legen, ohne ihn mit Händen zu fassen; sich aufs Oberrohr setzen, um aerodynamische Vorteile zu erzielen). Ganz abgesehen von der fraglichen Wirksamkeit derartiger Maßnahmen, belegen sie erneut die Tatsache, dass der praktischen Vernunft des Einzelnen immer weniger vertraut wird. Diese infantilisierende Haltung führt paradoxerweise zu einer steigenden Verantwortungslosigkeit: Weil ich von höherer Stelle behütet werde, die mein Verhalten mittels Vorschriften regelt, denen ich blind folge, muss ich selbst nicht einmal einen minimalen Grad an Wachsamkeit und Vorsicht mehr aufrechterhalten. Hierin aber liegt die eigentliche Gefahr.

Stellen sie sich sämtliche Bewegungen vor, die zu jedem Zeitpunkt in einem Peloton von fast zweihundert Beteiligten ablaufen. In der Ferne kommt ein Fahrbahnteiler näher. Die Fahrer vorne an der Spitze machen Handzeichen, dass sie ein Hindernis umfahren. Dahinter weichen Fahrer leicht aus und bremsen ab, um an der Verkehrsinsel vorbeizukommen. Die Welle setzt sich in die unmittelbare Nachbarschaft fort, die nun ihrerseits, manchmal nur wegen eines ungewohnten Bremsgeräuschs, beschließt, leicht auszuweichen oder auch nicht. Situationen wie diese kommen ständig vor. Manchmal auch aus heiterem Himmel, wie der Hund, der direkt vor dem heranrauschenden Peloton über die Straße läuft, oder die Trinkflasche, die den Zuschauern zugeworfen wird, von einer Mauer abprallt und wieder vor die Räder springt. Nicht zu vergessen das, was am Ende des Feldes geschieht, wenn wir uns unter die Begleitfahrzeuge der Sportdirektoren mischen. Wir holen uns Anweisungen ab und nehmen die Hände von den Bremsen, um Bidons gereicht zu bekommen, all dies, während der Fahrer des Teamautos über Funk Kommandos an die Teamkollegen durchgibt, die vorne geblieben sind. Wenn es dann an der Spitze der Fahrzeugkolonne aus einem beliebigen Grund zu einem plötzlichen Bremsmanöver kommt – etwa, weil sich ein Zuschauer am Straßenrand zu weit vorgewagt hat oder eine Reifenpanne behoben werden muss… –, tut man gut daran, sehr schnell zu reagieren, will man sich nicht mit der Nase in der Heckscheibe des vorausfahrenden Wagens wiederfinden. Verwunderlich ist, dass es dabei nicht mehr Unfälle gibt, dass dieses Ökosystem auch unter ständiger Gefahr irgendwie in der Lage ist, sich selbst steuernd ohne größere Kollisionen vorwärtszukommen, ohne dafür die Buchstaben eines Regelwerks zu befolgen, sondern allein dank der Gnade der praktischen Intelligenz aller Beteiligten.[1]

Eine Gesellschaft, die sich nachhaltig und auf gesunder Grundlage entwickeln will, lässt sich nicht von oben befehligen, ohne das Individuum zu vernichten. Letzteres ist heutzutage leider sehr häufig in modernen Unternehmen der Fall, wo Angestellte durch die Organisationen, die von ihnen Leistung und Produktivität verlangen, ohne auf sie als Personen Rücksicht zu nehmen, in Extreme getrieben werden. Die krankhaften Konsequenzen sind bekannt: blinde Arbeitswut, Burnout, Selbstmord...

Eine authentischere Gesellschaft würde nicht mehr auf dem Ideal der Beherrschung gründen, sondern vielmehr akzeptieren, das Ergebnis eines diffusen Gewimmels zu sein, eines Waldes, aus dem manchmal Ausnahmewesen auftauchen, gewaltige Bäume, die von sich aus und ohne es zu bemerken eine ganze Gemeinschaft mit nach oben ziehen. Die großen Werke der Menschheit, seien es technische, politische oder künstlerische, entspringen alle genialen, unvorhergesehenen Individuen. Ein Julius Cäsar, ein Leonardo, ein Goethe – oder auch ein Anquetil: Menschen dieser Art werden nicht gemacht, sondern sie tauchen auf. Sie ereignen sich.

Man muss hinnehmen, nicht alles beherrschen zu können. Im Radsport sehen wir deutlich, dass jede Karriere ein Einzelfall ist. Nationen, die über ein hochentwickeltes Scouting- und Nachwuchsförderungssystem verfügen, scheitern oft daran, Athleten hervorzubringen, die es auf die höchste Stufe schaffen, während weniger entwickelte Länder einen zukünftigen Tour-de-France-Sieger auftauchen sehen.

---

1. Dasselbe Wunder erleben alle Autofahrer, die über die Place de l'Étoile in Paris fahren, wo es auch jeder schafft, sich irgendwie in das fröhliche Durcheinander einzufädeln. Man ergänze einen Verantwortlichen oben auf dem Triumphbogen, der den Verkehrsfluss lenken soll, und man kann sicher sein, dass endlose Staus die Folge sein würden.

Wieder vom Individuum auszugehen und es zu resolidarisieren, heißt auch, sich von der Logik der Talentfabrik zu lösen und das Entstehen einer radikalen Originalität zu gestatten. Als »Champion« bezeichne ich das menschliche Wesen, das dies in sich trägt, die Person, die auf dem symbolischen Schlachtfeld triumphiert und sich gleichzeitig weigert, ihren Triumph auszunutzen, um den Besiegten eine Politik aufzuzwingen. Eine Entscheidung, die gleichermaßen seltsam wie gefährlich ist, denn die Geschlagenen von heute werden schon morgen den Ort ihrer Revanche erkennen. Aber der Champion ist immer bizarr, und dieses Bizarre macht seine Schönheit und seine Größe aus.

Nachbesprechung

Die Sache lässt sich nunmehr recht einfach erraten: Die Gesellschaft des Pelotons ist ein Trugbild. Es gibt kein Ganzes, das dem Individuum vorausgeht. Will der Einzelne eine Dimension erreichen, die ihn selbst überragt, und sich in ein Kollektiv einfügen, so kann das nur über einzigartige, zwischenmenschliche Beziehungen geschehen, die ihrerseits zwangsläufig instabil sind. Beziehungen zwischen Menschen sind immer ungleich, konfliktgeladen und kooperativ zugleich – wofür man sich nicht zu schämen braucht, und was moralisch auch nicht verwerflich ist.

Die Tatsache, dass es Kapitäne und Helfer, Chefs und Angestellte, kurzum eine Hierarchie gibt, sollte nicht bedeuten, dass ein Unterschied im Wert oder im Wesen der verschiedenen Mitglieder besteht, noch dass die einen ohne die anderen auskämen. Es ist eine Frage der Interaktion zwischen Menschen, etwas, das immer problembeladen ist und einem unvollendeten Werk gleicht.

Die heutzutage so verbreiteten Management-Handbücher, die vorgeben, die menschlichen Beziehungen ließen sich auf Grundlage eherner Grundsätze und ewiger Wahrheiten rationalisieren, sind irreführend und trügerisch. Doch nur weil man zu einem Thema keine definitiven Erkenntnisse besitzt, verbietet das nicht, sich mit ihm auseinanderzusetzen – ein häufiger Fehlschluss von Philosophen, die alles, was nebensächlich scheint oder Worte und Ideen aufgreift, die unserer Alltagswelt entspringen, für nicht untersuchungswürdig erachten. Die Gesellschaft, die wir kennen, also die kapitalistische, mag beliebig sein und ist in vieler Hinsicht gewiss verachtenswert. Ob man sie aber nun bewundert oder hasst, ändert nichts daran: Sie existiert. Sie ist das gelebte Leben vieler unserer Mitbürger, deren Rahmen »die Firma« ist und deren Alltag von »hierarchischen Managementbeziehungen« bestimmt wird. Sich solchen Themen und ihrem Vokabular zu verschließen, hieße, sich von der Welt abzusondern – was erst dann einen Sinn ergibt, wenn daraus ein großer Gedanke hervorginge, wie bei Montaigne, der sich zum Verfassen der *Essais* in seinen Turm zurückzieht, oder bei Descartes, der neben seinem Ofen sitzend die *Metaphysischen Meditationen* entwickelt. Aber das ist, wie man einräumen wird, nur höchst selten der Fall.

Bewahren wir uns den Gedanken eines Rückzugs für später auf und stellen wir uns lieber die Frage, wie sich ein Anführer verhalten sollte, wobei es zugegebenermaßen nur möglich sein wird, grobe Pfade zu skizzieren und einige verstreute Überlegungen darüber anzustellen, was eine gesunde hierarchische Beziehung ausmacht. Genauer gesagt, kann ich nur einen Weg vorschlagen. Denn letztlich ist es allein meine Erfahrung, die ich kenne, die Erfahrung als Kapitän meines Radsportteams – fraglos nicht die eines Champions, aber von jemandem, der einige Champions, vergangene und aktuelle, hat beobachten können und sich von ihnen inspirieren lässt.

Es gibt keinen »guten« Anführer. Besser gesagt: Eine kompetente Führungskraft ist jene, die ihr Management der gegebenen Situation und den vorhandenen Mitarbeitern anpassen kann. Regieren ist – um einen Begriff von Aristoteles aufzugreifen – eine Frage des *Kairos*, die Kunst der »Gunst der Stunde«. Ebenso wenig, wie es eine allgemeingültige Moral gibt, gilt hier eine allgemeine Regel. Man muss von Fall zu Fall abwägen, denn eine Entscheidung, die hier und jetzt richtig und wirksam ist, kann es schon morgen oder an anderer Stelle nicht mehr sein.

Nichts anderes empfiehlt Niccolò Machiavelli in seinem Werk *Der Fürst*, das von der Kunst des Herrschens handelt. Herrschen bedeutet nicht, die Ereignisse durch ein vorgefertigtes Raster zu bewerten; es bedeutet, sich anzupassen, sich immer wieder den Umständen entsprechend neu zu erfinden, weil das konkrete Leben so ist: beweglich, zufällig und unvorhersehbar. Gleiches gilt für menschliche Beziehungen, die sich keinem ewigen Gesetz unterordnen, sondern unablässig veränderlich sind, sich immer neu zusammensetzen. Die Weisheit des Anführers, seine *Virtu*, sein Geschick, besteht darin, in diesem Fluss eine gewisse Konstanz zu beweisen. Diese Weisheit ist in dem Sinne politisch, als sie an der Elle ihrer Wirksamkeit gemessen wird, wobei die Mittel gleichgültig sind, solange der Zweck erreicht wird. *Whatever Works* also, um einmal den Titel eines Films von Woody Allen aufzugreifen: »Wichtig ist, dass es funktioniert!« Soll heißen: Es kommt darauf an, dass der Erfolg sich einstellt und jeder im Team sich in der Art, wie er errungen wurde, wiedererkennt…

Man passt sich seinen Mannschaftskameraden ausgehend von dem an, wer man ist. Die einen werden ihre Helfer lautstark anbrüllen und das Leben in der Gruppe animieren; andere, eher zurückhaltende Charaktere werden lieber versuchen, sich durch ihr Verhalten Respekt zu erwerben. Wer mich kennt, wird nicht überrascht sein, wenn ich mich eher der zweiten Kategorie zuordne, den Kaltblütern unter den Kapitänen. Ich lasse lieber Taten statt Worte sprechen und sage mir, meine Ergebnisse werden schon für sich und zu meinen Gunsten sprechen, auch wenn sich meine Rolle nicht darauf beschränkt, im Rennen eine gute Leistung abzuliefern. Ich zögere übrigens nicht, während der Besprechungen vor den Rennen das Wort zu ergreifen oder laut zu werden, wenn ich es für nötig erachte. Nur habe ich mit der Zeit verstanden, dass man es auf seine Weise tun muss. Der Versuch, sich fremde Kleider überstreifen zu wollen, ist ein sicherer Weg, die Beziehung mit einem falschen, verlogenen Ton zu vergiften.

Dabei scheint mir die Fähigkeit zuzuhören eine Konstante zu sein. Viele Probleme regeln sich dann von selbst. Die meisten Fahrer, die nach einem Rennen verärgert und enttäuscht sind, möchten nur mit jemandem reden – genau wie ein Freund mit Liebeskummer, den man an der Bar trifft und ihm einen ganzen Abend lang zuhört. Übereifer führt dagegen oft zum Gegenteil der beabsichtigten Wirkung: Man vermittelt dann den Eindruck, aus Werbung in eigener Sache im Mittelpunkt stehen zu wollen, wo man besser daran täte, sich zurückzunehmen.

Wir Sportler können den Eindruck erzeugen, herzlose Maschinen zu sein. Das Publikum sieht nur die Oberfläche: den Siegeswillen im Rennen, die rein körperliche Leistung. Es ignoriert indes die Empfindlichkeit, die sich unter dem Panzer verbirgt, es weiß nicht um die Macht der vielen Momente des Gruppenlebens, die zwar direkt nichts mit dem Wettkampf zu tun haben, doch immer mit ihm verbunden sind. Dass eine Mannschaft im Trainingslager oder während einer Rundfahrt mal gemeinsam ein Glas trinken geht, um Spannungen abzubauen, Abstand zu gewinnen oder nur einmal aus der üblichen Routine auszubrechen und tiefere Verbindungen als die rein beruflichen zu knüpfen, scheint auf den ersten Blick keine große Sache. Doch es ist ein erster Schritt zum Sieg. Im Verlauf meiner Radsportkarriere habe ich oft Betreuer auf Initiative des sportlichen Leiters wütend in den Bus steigen sehen, bevor sie diesen wenig später fröhlich wieder verließen, nicht wegen der Wirkung des Alkohols, sondern weil sie sich dank des Vorwandes, etwas zu trinken, Zeit genommen hatten, sich zu beruhigen und zu reden. Es muss nicht unbedingt Alkohol sein. Der »*Coffee Ride*«, die Kaffeepause unter Mannschaftskameraden während einer lockeren Ausfahrt, gehört zu den Erfolgsgeheimnissen. Eine Mannschaft, die sich diese Muße gönnt, ist anschließend oft wie ausgewechselt, gestärkt durch die Symbolik der gemeinsamen Pause.

Harmonisches Zusammenleben allein reicht natürlich nicht. Es lässt sich nicht leugnen, dass die Frage des Geldes im Sport ihre Bedeutung hat; das Thema ist keineswegs Tabu. Das Problem des Radsports ist, wie schon erwähnt, dass es immer nur einen Sieger gibt. Ihm allein gebührt die Ehre – und die pekuniäre Gunst. Ohne seine Teamkollegen kann er allerdings nicht gewinnen. Daher ist es normal und wird auch erwartet, dass irgendeine Umverteilung der Prämien stattfindet, sei es durch Aufteilen aller Preisgelder des Rennens (in den Mannschaften mittlerweile fast die Regel), sei es durch den Verzicht auf den eigenen Anteil bei dieser Aufteilung (eine Praxis, der gewisse Kapitäne bei wichtigen Rennen fallweise folgen) oder indem man nach einem großen Sieg Geschenke an die Teamkollegen verschickt, damit sie ihren Anteil erhalten.

Mehr als Geld scheint mir aber die persönliche Beziehung zu den Mannschaftskollegen das zu sein, worauf es ankommt. Ein Schulterklopfen oder ein »Danke« haben oft mehr Wert als eine überlassene Prämie. Natürlich wird man sich einem normalen Teamkollegen nicht so öffnen können wie einem echten Kumpel. Freundschaft lässt sich nicht erzwingen, Respekt dagegen steht jedem zu. Seine Mannschaftskameraden nach einer Niederlage genauso wie nach einem Sieg zu grüßen, die eigenen Fehler einzugestehen und nicht zu versuchen, diese dem Kollektiv anzulasten, aber auch der Mannschaftsleitung Informationen über einen Teamkollegen zukommen zu lassen, der abseits des Rampenlichts glänzende Arbeit geleistet hat, und dabei gleichzeitig Stillschweigen über andere zu bewahren – das sind meiner Meinung nach die Minimalpflichten eines Kapitäns.

Obschon die Gewohnheit der Sieger, ihre Mannschaftskollegen in den Interviews im Ziel lobend und dankend zu erwähnen, in den Ohren der Zuhörer manchmal einschläfernd wirken kann, und für den, der es ausspricht, vielleicht eher eine Pflichtübung darstellt, würde es dennoch eine falsche Botschaft senden, darauf zu verzichten. Auch wenn die Sätze, die im Teambus fallen, einen höheren Wert besitzen, scheint es mir gefährlich, gewisse ungeschriebene Regeln nicht zu achten. Denn das würde der gegenseitigen Achtung schaden, die Kapitän und Mannschaft wahren müssen, eine Wertschätzung, die auf einfachen Gesten des Alltags gründet.

Ich messe der Macht der Worte große Bedeutung bei, weil ich meine, dass der Respekt, den man seinen Mitarbeitern schuldet, auch in der Wahl der Worte seinen Ausdruck findet. Die beiden Bezeichnungen »*Équipier*« und »*Coéquipier*«, wie auf Französisch der »Helfer« und der »Mannschaftskollege« heißen, sind im Radsport eng verwandt, so dass sie häufig fast austauschbar erscheinen. Doch während der erste Begriff eine gewisse Form der Abwertung beinhaltet, so als würde ein Kapitän sich dazu herablassen, das Schicksal seiner Diener zu erwähnen, stellt der zweite alle auf die gleiche Stufe. Der Vorgesetzte hat die Wahl der Symbole: Entweder erschlägt er mit seinem Gewicht die Untergebenen, seine »Helfer« (im Radsport sind der deutsche ebenso wie der französische Begriff noch vergleichsweise harmlos; die Fahrer, die ihre Arbeit im Schatten der Kapitäne verrichten, heißen auf Italienisch »*Gregario*«, im Flämischen »*Knecht*« und auf Englisch sogar »*Domestique*«). Oder er macht ihnen durch die Kraft der Sprache deutlich, dass die unterschiedlichen Positionen in der jeweiligen Organisation, sei es ein Unternehmen oder ein Radsportteam, keineswegs bedeuten, dass die betreffenden Personen einen unterschiedlichen Wert besäßen, sondern lediglich auf einen konjunkturellen Unterschied verweisen, der allein auf den Rahmen der Institution beschränkt ist, in dem sie sich gemeinsam bewegen.

Der Teufel steckt im Detail; das Genie ebenfalls. Der außergewöhnliche Anführer, der Champion, wird derjenige sein, der es versteht, mit Feingefühl und völlig natürlich auf der Klaviatur der kleinen, feinen Unterschiede zu spielen, mit der Macht der Semantik, mit den Nuancen der Wahrnehmung, um so ein echtes, authentisches »Miteinander« zu schaffen. Ein Miteinander, in dem er sich nicht auf die Ebene des anderen herablässt, sondern ihn auf seine Augenhöhe *erhebt*.

Zusammenfassung des Rennens

Champions sind nicht nur bizarr, sondern auch selten. Eine Gesellschaft verfügt über recht wenige Mitglieder, die aus der Masse herausragen können, ohne sie zu dominieren – eine edle Position, die den großen Persönlichkeiten vorbehalten ist. Sie beeindrucken dank der Höhe ihrer Perspektive; dennoch entstammen sie keiner anderen Spezies. Die Absurdität nagt auch an ihnen: Ein Champion sollte jemand sein, der der Welt einen Stempel aufdrückt, *seinen* Stempel. Stattdessen geht er mit majestätischer Gleichgültigkeit durchs Leben – eine Haltung, die eines Tages zu seiner Niederlage führen wird. Idiotisch, nicht wahr? Aber sind wir das nicht alle? Wir, die wir alles daransetzen, unsere kleine Macht zu behaupten, und mit dem Alltag und seinen kleinen Gebrechen kämpfen. Wir, die wir daran gewohnt sind, uns inmitten der Menge zu verstecken, weil wir nicht die Kraft besitzen, ihr zu entkommen, dazu verurteilt, das Gesetz des Kollektivs und seinen Unsinn zu erdulden.

Schwache wie Starke müssen beide die Inkohärenz ihrer Milieus ertragen, der Gesellschaften, die sie einzwängen. Wir alle sind ständig – in unseren öffentlichen Reden, unseren verborgenen Gedanken oder unserem alltäglichen Verhalten – mit unseren unauflöslichen eigenen Gegensätzen konfrontiert, indem wir

Werte predigen, die wir nicht einhalten können. Aus persönlicher Perspektive besteht einer meiner größten Widersprüche darin, dass ich einen »grünen« Sport betreibe, der für ein verantwortungsbewusstes Gesellschaftsmodell steht, das ich befürworte und verteidige, während ich gleichzeitig mehr als oft genug in ein Flugzeug steige, um zu Rennen auf der ganzen Welt zu reisen, bei denen ich von einer erschreckend hohen Anzahl an motorisierten Fahrzeugen umgeben bin (die Begleitautos mit den sportlichen Leitern, Motorräder, Werbekarawane usw.). Ganz zu schweigen von der Menge an Plastikprodukten und Einwegartikeln, die ein Radsportteam im Laufe eines Jahres verbraucht (Energieriegelverpackungen, Trinkflaschen etc.). Ich schäme mich ein wenig für diese Kompromisse, die ich meinen »Idealen« zugestehen muss. Ich kann nur versuchen, damit zu leben.

Ob Champion oder nicht, die Gleichung ist letztlich ganz einfach: 1) Das Ego steht an erster Stelle; jeder Fahrer will gewinnen. 2) Das Ego ist nichts ohne die Gruppe; niemand kann ohne Teamkollegen gewinnen, und ein Radrennfahrer wäre nichts ohne ein Peloton, das seine Existenz überhaupt erst rechtfertigt.

Diese beiden, unmöglich miteinander zu vereinbarenden Punkte sind der Ursprung aller Widersprüche. Zunächst der Widerspruch des Individuums, das zwischen seinem legitimen Wunsch, sich selbst zu bevorzugen, und der Notwendigkeit, eine Gesellschaft zu bilden, hin- und hergerissen ist. Dann auch der Widerspruch unserer Zivilisation, die daran krankt, dass sie jedes Maß und zudem auch die Verbindung zum Singulären verloren hat – was in den Krisen der Demokratie und des Wissens sowie in der alarmierenden Erderwärmung zum Ausdruck kommt.

Der Sport ist ein Vergrößerungsspiegel dieser unlösbaren Dilemmata, eine Bühne, auf der sich unsere Doppelmoral offenbart. Man stimmt Loblieder auf den Wert des Kollektivs an, während man einem hemmungslosen Hyper-Individualismus frönt, der die wahren, authentischen Bestrebungen des Einzelnen nur allzu gern verkennt. Der Sportler wird von diesen gegensätzlichen Anforderungen in die Zange genommen, er wird von einem Monster zerquetscht, das ihn verleugnet, während es ihn in den höchsten Tönen preist. Er weiß nicht, ob er sich dem Gesetz des Pelotons unterwerfen oder im Gegenteil mit List und Heimtücke vorgehen soll, um die anderen zu vernichten. Sich dem System beugen oder es ausnutzen? Fahren oder nicht fahren? Dies ist das große Problem der Moderne.

*

Im 21. Jahrhundert ist es nicht mehr möglich, die Augen zu verschließen, darauf zu vertrauen, dass sich die Dinge schon von selbst regeln werden, und sich auf den Staat, die Kirche, das Gesetz des Marktes oder des Pelotons, den Unternehmenschef oder irgendeine andere Supermacht zu verlassen, die man mit der Organisation der Welt beauftragt hat. Diese großen Institutionen sind an dem Tag gestürzt worden, als die Verbreitung der Information begann. Sie hielten nur durch den Glauben zusammen, der ihnen zugesprochen wurde. Jeder weiß mittlerweile allzu gut um die Stärken und Schwächen übergeordneter Systeme, um sich noch täuschen zu lassen. Die Vor- und Nachteile der Anführer sind bekannt. Sie werden ihre Infragestellung nicht verhindern können. Wir können einer Hierarchie nicht mehr blind folgen. Das, was man als »das Wunder des Pelotons« bezeichnen könnte – also die Tatsache, dass Konkurrenten eine zusammengewürfelte Organisation ohne Führung bilden können, einfach weil jedes ihrer Mitglieder an die Existenz einer begründeten Ordnung glaubt –, ist nicht mehr möglich. Das Wunder hat sich als Fata Morgana erwiesen. Das Peloton explodiert und zerfällt.

Was nun? Müssen wir auf die Karte Unmoral setzen? Sollten wir ein System ausnutzen, das uns gleichgültig ist, und es samt seiner Mitglieder ausbeuten, ganz ohne Glaube und Moral? Der Gedanke ist unerträglich. Die egoistische Haltung, die Gesellschaft nur dahingehend zu betrachten, was sie uns bringt, ohne eigenes Engagement, ohne Respekt für sie oder für ihre Mitglieder, führt nur auf alle erdenklichen Irrwege. Im Sport heißt der erste davon Doping. Die zugrundeliegende Logik ist simpel: Wenn kein Wert begründet ist, wenn keine Ordnung ewig währt, was hindert mich dann daran, alles zu tun, damit die einzige Sache, die für mich wirklich Realität und Bedeutung hat, nämlich ich selbst, gewinnt? Die cartesianische Formel »Ich denke, also bin ich« wird hier verfälscht zu: »Ich bin, also muss ich gewinnen – um jeden Preis, ohne Scham, egal wie.« Wie viele Betrüger, seien es Sportler oder einfach Ganoven, Diebe oder skrupellose Nutznießer einer Gesellschaft, für die sie nur Verachtung empfinden, mögen in ihrem Innern wohl dieser Logik folgen? Sie vergessen das Wesentliche: Unsere Welt hält nur dank der Werte zusammen, die wir in sie hineinprojizieren. Natürlich bleiben diese Werte Zufallsprodukte und sind zutiefst beliebig. Aber sie zu verkennen, bedeutet, die Möglichkeit einer Welt insgesamt abzulehnen und sich zum Nichts zu verdammen.

Sich darüber im Klaren zu sein, dass jede Ordnung absurd ist, verhindert nicht, dass man sich an deren Schaffung beteiligt. Im Gegenteil: Indem man sich voll und ganz am Bau dieser Türme ohne Fundament beteiligt, die unsere menschlichen Gemeinschaften darstellen, beweist man seinen klaren Verstand. Ist die Schale hohl? Unwichtig, Hauptsache wir schotten sie gut ab und verschaffen der inneren Leere eine schöne Hülle. Das ist es, was der ehrliche Sportler täglich vollbringt. Durch seine an sich völlig triviale Praxis gesteht er die Sinnlosigkeit des Lebens ein, entscheidet sich aber dafür, ihm einen Sinn zu geben. Wenn das Leben schon eine Farce ist, sagt er sich, kann er auch gleich seine Rolle voll ausspielen und dem Stück eine gewisse Wahrhaftigkeit verschaffen. Auch wenn unser Haus kein Fundament hat, sollten wir es zumindest so gestalten, dass es in sich einen festen und geschlossenen Block bildet.

Der Sport bringt unsere gesamten Widersprüche ans Tageslicht, seien es individuelle oder kollektive. Paradoxerweise kann er auch der Ort sein, an dem sie zwar nicht aufgelöst, aber zumindest überwunden werden. In diesem Sinne bedeutet die Teilnahme an einem Radrennen, mit seinen Widersprüchen umzugehen, ja, sie sogar zu bekräftigen, indem man ihnen einen Grund verleiht. Das alles unter Beachtung der Regeln, ohne die das gesamte Gebäude zusammenstürzen und das Individuum unter dem Gewicht seines eigenen Nichts begraben würde.

*

Es ist unmöglich, zu versuchen, kein soziales menschliches Wesen zu sein, genauso wie es unmöglich ist, den inneren Zusammenhalt einer Organisation nicht wahren zu wollen. Doch wir haben die Wahl, ob wir diese Auflösung ins Kollektiv erleiden oder Akteure dabei werden wollen. Entweder Opfer einer Gesellschaft in Gestalt des Pelotons sein oder uns entscheiden, das Peloton zu bilden.

Akteur und Mitgestalter eines Kollektivs zu sein, bedeutet nicht, sich vor ihm zu erniedrigen oder sich um jeden Preis der Gruppe unterzuordnen. Das Ego kann nicht überwunden werden. Es mit einer Ideologie der gegenseitigen Hilfe und des Teilens ersticken wollen, hieße, in uns das auszulöschen, was am lebendigsten ist: unsere Individualität. Aus diesem Grund ziehe ich den Idealen der Solidarität den Begriff der »Resolidarisierung« vor. Dieser bezeichnet einen fortlaufenden Prozess der Wiederverbindung mit anderen und sich selbst, der eine grundlegende Rivalität unter den Menschen nicht ausschließt.

»Der Kampf des Einzelnen gegen die Gruppe« ist ein geläufiges Motiv unserer Mythologien, das sich in vielen Manifesten, in unserer modernen Popkultur, aber auch in der Geschichte des Sports wiederfindet. Es suggeriert, dass ich nicht Herr meines Geschicks sein kann, weil das Peloton, die Gesellschaft, das »System« mich schon zu dem gemacht hat, der ich bin. Das ebnet den Weg in die Verantwortungslosigkeit und vereinfacht die eigene Auflösung im Kollektiv.

Aufrichtigkeit, Weitsicht und der Mut zur Resolidarisierung bestehen darin, zu akzeptieren, dass dieser Kampf vor allem innerhalb des Individuums stattfindet. Dass es keinem anderen als mir selbst obliegt, die Regeln so aufzustellen, dass sie für mich zufriedenstellend sind, in einem Universum einzigartiger Beziehungen von gleich zu gleich, in dem die anderen ebenfalls nach ihrer Partitur spielen und all diese vielen Partituren, jede einzelne, sich dennoch zusammenfügen müssen.

Zwischen freiwilliger Selbstaufopferung und blinder Nabelschau bleibt Raum für die Selbstbestätigung des Individuums, gegen die anderen und zugleich mit ihnen, indem man sie einerseits herausfordert, aber andererseits auch stets respektiert. Auf diesem Mittelweg, in diesem instabilen Gleichgewicht bewegt sich der Sportler, insbesondere aber der Radsportler, wenn er versucht, aus dem Peloton und dessen Mitgliedern herauszuragen, ohne sich radikal abzugrenzen. »Ein ungefährdeter Sieg ist ein Triumph ohne Glanz«, ist eine Weisheit im Sport: Ohne Konkurrenten ist der Sieg nichts wert. Und ohne Teamkameraden oder Gegner, die zu Gelegenheitsverbündeten werden, ist er sogar unmöglich. Das ist nicht individualistisch, aber ganz sicher indivi*duell*istisch!

Könnte sich der moderne Mensch, der Bürger als Teil einer demokratischen Gesellschaft oder der Angestellte als Teil eines Unternehmens, nicht am Sportler ein Beispiel nehmen? Genau wie dieser wandelt auch er auf einem schmalen Grat, zwischen Wahrung der eigenen Interessen, Widerstand gegen äußere Angriffe und dem Bewusstsein für die Notwendigkeit gemeinsamen Wohlstands. Er muss gleichzeitig an seine Karriere und den Erfolg des Unternehmens denken, er muss sein eigenes Wohl im Auge behalten, aber auch das der Gemeinschaft. Das Spiel ist schwierig und gefährlich, aber spannend. Es gibt keine »gute Taktik«, um zum Erfolg zu kommen; nur die Verpflichtung zu ständigen Kompromissen. Anstatt sich über die Merkwürdigkeiten unserer Welt zu wundern, sie zu beklagen, sich über andere zu ärgern, sich selbst zu bemitleiden oder alles kontrollieren zu wollen, sollte man in der Lage sein, zu seinen Schwächen zu stehen, sich über widersprüchliche Aktionen der Gegner hinwegzusetzen und zu akzeptieren, dass man für Handlungen verantwortlich gemacht wird, die größer sind als man selbst.

Unsere Epoche ist ein Zeitalter der Krise: Die Demokratie siecht dahin, während Information sich auf anarchische Weise verbreitet und uns alle Orientierungspunkte abhandenkommen. Währenddessen gerät das Klima aus dem Takt und bedroht unsere gesamte Existenz. Angesichts dieser drei großen Herausforderungen, angesichts der überwältigenden Notwendigkeit, das Einzigartige wieder mit dem Universellen zu versöhnen, können wir Trübsal blasen und die Augen vor allem verschließen. Oder wir stürzen uns demütig - aber entschlossen - auf unserem Niveau ins Rennen. In einen Wettkampf, durch den uns kein *Capitaine de Route* führen wird, wenn es nicht unsere innere Stimme tut. Diese Stimme wird uns diktieren, uns demokratisch einzubringen, nicht fürs Kollektiv, sondern für uns selbst und auf unsere Art und Weise. Sie wird anordnen, dass wir uns auf den Pfad der Erkenntnis begeben sollen, auch wenn wir zugeben müssen, dass wir nichts wissen. Und schließlich wird sie befehlen, die Natur zu schützen, nicht der Zukunft wegen oder für die Menschheit, sondern weil ein Leben, das Leben vernichtet, eine widersinnige Sache ist.

Drei Fahrer greifen an. Werden sie sich verbünden? Werden sie vom Peloton eingeholt werden? Der Ausgang ist ungewiss. Setzen wir darauf, dass es ein schönes Rennen wird.

Covadonga Verlag

Die Lust am schnellen Radfahren. Abenteuer auf zwei schmalen Reifen. Die Faszination und die Geschichte(n) großer Rennen, legendärer Anstiege und bildschöner Rennräder. Die wundersame Welt des Profiradsports. Die Geheimnisse bekannter Rennfahrer und das Geheimnis erfolgreichen Trainings. Das sind die Themen, auf die der Covadonga Verlag seit seiner Gründung im Jahr 2002 sein Augenmerk legt.

Zu den Autoren zählen u. a. Dino Buzzati, Thomas Dekker, Laurent Fignon, Renate Franz, Joe Friel, Phil Gaimon, Hannah Grant, Jan Heine, Paul Kimmage, Philipp Köster, Tim Krabbé, Albert Londres, Benjo Maso, Guillaume Martin, David Millar, Tim Moore, Michael Ostermann, Hennes Roth, Geraint Thomas, Lidewey van Noord, Jonathan Vaughters, die Velominati, Peter Winnen und Gianluca Zaghi. Radfahrer von Welt- und Kreisklasse, die dem Radsport eine literarische Stimme verleihen. Ausnahmeerscheinungen im Peloton. Radprofis, die anecken. Preisgekrönte Schriftsteller mit einem Faible für Radsport und Rennräder. Legendäre Reporter und große Humoristen. Die originellsten Chronisten der Jedermann-Szene. Internationale Koryphäen in Fragen Training, Fahrradtechnik und -restaurierung... Sie alle schreiben für Covadonga. Meist über den Radsport, manchmal auch über seine nahen Verwandten.

Bücher im Covadonga Verlag

ISBN	*Titel / Autor*
978-3-95726-065-9	*Von A nach B.* Dave Walker
978-3-95726-061-1	*1000/24 – Christoph Strasser.* David Misch
978-3-95726-060-4	*Radsportberge und wie ich sie sah.* Geraint Thomas
978-3-95726-059-8	*Tausend Kilometer Süden.* Walter Jungwirth
978-3-95726-055-0	*Ein Rad für alles. Die Allroad-Bike-Revolution.* Jan Heine
978-3-95726-054-3	*Quer durch Flandern.* Harry Pearson
978-3-95726-053-6	*Sokrates auf dem Rennrad.* Guillaume Martin
978-3-95726-048-2	*Colombia Es Pasión.* Matt Rendell
978-3-95726-046-8	*Der kahle Berg.* Lex Reurings & Willem Janssen Steenberg
978-3-95726-044-4	*One-Way Ticket.* Jonathan Vaughters
978-3-95726-042-4	*299 schlaue Dinge über Sport...* Andreas Beune
978-3-95726-039-0	*Flamme Rouge.* Daniel Lenz & Florian Summerer
978-3-95726-038-3	*T wie Trouble.* Tim Moore
978-3-95726-037-6	*Dominik Nerz – Gestürzt.* Michael Ostermann
978-3-95726-035-2	*Die Trainingsbibel für Radsportler.* Joe Friel
978-3-95726-033-8	*Vintage-Räder.* Gianluca Zaghi
978-3-95726-031-4	*Zugtiere in Trägerhosen.* Phil Gaimon
978-3-95726-028-4	*Der Radrennfahrer und sein Schatten.* Olivier Haralambon
978-3-95726-027-7	*Die Regeln. Kodex für Radsportjünger.* Velominati

ISBN	*Titel / Autor*
978-3-95726-026-0	*Die Radfahrer Cartoons.* Dave Walker
978-3-95726-024-6	*Thomas Dekker – Unter Profis.* Thomas Dekker & Thijs Zonneveld
978-3-95726-018-5	*Die Trainingsbibel für Triathleten.* Joe Friel
978-3-95726-017-8	*Mit dem Klapprad in die Kälte.* Tim Moore
978-3-95726-013-0	*Pellegrina. Eine italienische Radsportwallfahrt.* Lidewey van Noord
978-3-95726-012-3	*Tourleben. Vier Jahrzehnte Radsportfotografie.* Hennes Roth
978-3-95726-010-9	*Auf der Straße.* David Millar
978-3-95726-009-3	*Die vierzehnte Etappe.* Tim Krabbé
978-3-95726-006-2	*Schnell und fit ab 50.* Joe Friel
978-3-95726-005-5	*Domestik.* Charly Wegelius
978-3-95726-001-7	*Das Rennen gegen die Stasi.* Herbie Sykes
978-3-936973-97-6	*Gironimo!* Tim Moore
978-3-936973-93-8	*Frau & Rennrad.* Nynke de Jong & Marijn de Vries
978-3-936973-91-1	*Ein Mann und sein Rad.* Wilfried de Jong
978-3-936973-78-5	*Das Buch der Radsporttrikots.* Andreas Beune & Rainer Sprehe
978-3-936973-72-3	*Lötzsch. Der lange Weg eines Jahrhunderttalents.* Philipp Köster
978-3-936973-70-9	*Alles Rower? Ein Wessi auf Friedensfahrt.* Rainer Sprehe
978-3-936973-68-6	*Sind wir nicht alle ein bisschen tri?* Lars Terörde
978-3-936973-66-2	*Albina und das Fahrrad.* Jacques Faizant
978-3-936973-60-0	*Der Schweiß der Götter. Die Geschichte des Radsports.* Benjo Maso
978-3-936973-56-3	*Barfuß auf dem Dixi-Klo.* Lars Terörde
978-3-936973-55-6	*Going Long. Triathlontraining Langdistanz.* Joe Friel & G. Byrn
978-3-936973-40-2	*Das Trainingstagebuch für Radsportler.* Joe Friel
978-3-936973-35-8	*Gute Beine, schlechte Beine.* Peter Winnen
978-3-936973-34-1	*Der vergessene Weltmeister.* Renate Franz

Detaillierte Informationen zu allen Büchern finden Sie unter:

www.covadonga.de